MW01700208

世界歷史探險系列

古巴尋寶記

suncolor
三采文化

序言 Preface

在舞蹈、音樂和革命之國找尋失落的加勒比海寶藏！

古巴素來有「加勒比海之珠」的美名，是一個擁有優美自然環境的島國，不過由於身為社會主義國家，長久以來可說是處於與世隔絕的狀態。但即便如此，古巴特有的歷史與文化魅力，卻仍讓全世界的人都嚮往不已。

過去曾為歐洲列強殖民地的古巴，卻有著切·格瓦拉這位獨立革命英雄、鍾愛古巴的美國小說家海明威與其作品、曼妙的騷莎樂等文化藝術，以及甘蔗、咖啡和雪茄等古巴象徵，這些元素至今都吸引世人持續關注古巴。而過去傳奇的加勒比海盜們締造出的奪目事蹟，更讓古巴增添一份神秘魅力。

西元1959年的社會主義革命成功後，古巴與美國便展開了對立關係，因而造成長久的經濟封鎖與社會蕭條。但是即使身處窘境，古巴人仍以其自豪的精神，成功開創了有機農業，造就了解決糧食問題的奇蹟。此外，透過革命所建構而成的免費教育及免費醫療等社會制度，更是讓處於貧苦之中的全國國民能健全的生活。

尋寶王布卡和知本教授這次因為威廉博士發現了一張十七世紀沉沒的西班牙寶藏船地圖，而被召喚到這個充滿顏色、氣味

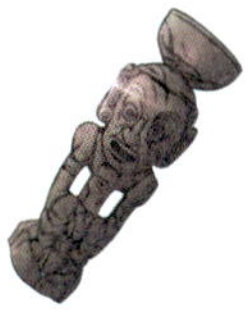

與音樂的國度～古巴。另一方面，一個自稱是傳奇海盜～亨利·摩根後裔的美女（？）安寶妮也為了尋找寶藏，而與落魄的峰巴巴結盟，準備去尋找滿載金銀珠寶的西班牙沉船。究竟誰才能找到這份塵封已久的寶藏呢？

在欣賞布卡、峰巴巴和新敵人～安寶妮之間的生死對決時，也請小朋友一起來深入了解古巴這個充滿魅力的國家吧！

Gomdori co.、姜境孝

2010年2月

目錄 Contents

USA

en enero de 1670, el barco Gloria se hun
en frente
isla de Ma
En el barco habia embotellado de plata de
plata de 250,000, oro bruto, pulsera de oro,
cadena de oro, la cruz
varias gemas

登場人物

布卡

智勇雙全的尋寶王，這次因來到
加勒比海找尋寶物而吃盡苦頭，
但是面對凶惡的海盜時仍毫不退縮，
將尋寶王的勇氣與智慧發揮到極致。

布卡心中的古巴寶物 嚮往自由的革命歷史。

布卡的古巴旅行小祕訣
千萬別被前來搭訕的人給嚇到，
古巴人不管對誰都很親切喔！

知本教授

世界知名的考古學家，
來到古巴後竟愛上阿美莉亞。
因為想博得對方的好感
而裝出一副什麼都知道的樣子，
越來越像麥克了！

知本教授心中的古巴寶物 古巴美女、
保存得宜的自然環境。

知本教授的古巴旅行小祕訣
一定要多研究古巴的歷史

荷西

在古巴幫助威廉博士的少年，
希望成為偉大的考古學家，
但是比起專心研究古物，
似乎更喜歡跟朋友打棒球。

荷西心中的古巴寶物
古巴的棒球、切・格瓦拉

荷西所傳授的古巴旅行小祕訣
你喜歡棒球嗎？來古巴的話，
一定要來打一局喔！

阿美莉亞

威廉博士的專屬醫生，也是荷西的阿姨。
平常會定期前往貧困國家從事醫療服務，
是一名熱心、善良且技術高超的醫生，
也是一個喜歡跳舞的美女。

阿美莉亞心中的古巴寶物 免費教育和免費醫療、古巴的宗教。

阿美莉亞的古巴旅行小祕訣
身體不舒服的話，一定要找古巴醫生。
他們對於外國人也會像對待古巴人
一樣親切，而且免費。

威廉博士

知本教授的恩師。
在古巴學跳騷莎舞以致腰部受傷，
但是對於騷莎舞的興致仍絲毫不減。

威廉博士心中的古巴寶物
曼妙的古巴舞蹈和音樂。

威廉博士的古巴旅行祕訣
只要熟悉幾種基本步伐，
跳古巴騷莎舞就游刃有餘啦！
哈哈哈！

峰巴巴和安寶妮

昔日號稱尋寶王子的峰巴巴，
如今既破產又落魄，但是卻碰上
自稱傳奇海盜～亨利・摩根後裔的怪人
安寶妮。兩人喬裝成新婚夫妻，
尾隨布卡一行人進行奪寶作戰。

鴛鴦大盜心中的古巴寶物
加勒比海所埋藏的奇珍異寶。

其他配角

電話講太久時，就會迅速
現身的寄宿家庭老奶奶。

每到關鍵時刻就會跳出來
的安寶妮手下們。

峰巴巴的祕密武器
安迪和阿強。

第一章

威廉博士的哀號

……

健康檢查表
姓名：知本
文明病的威脅
知本！
就是你這肚子！
你這肚子
就是問題！
啊！
啊！
戳戳
再這樣下去
還得了！
沒錯！這次我一定要消除鮪魚肚！
去做浮潛！
握拳
瑜伽
劍道
舉重
我近期內
做了這些
運動！

知本教授，
你準備好了嗎？
我們再
下水一次吧！
點頭
好！
撲通
咕嚕
咕嚕
咕嚕
咕嚕
咕嚕
噗哈哈
呼哈、呼哈！
噗哈哈哈！
啪噠
啪噠
啪噠噠
救命啊！

咿咿
無力
嘔～
呼呼
哎唷，叔叔！你不是禮拜天才學的嗎？怎麼連下個水都不行啊？
頭昏腦脹
你、你吵死了！是因為最近吃太少又沒精神才這樣的啦！
火大
還有！本來浮潛就是要經過很多訓練，才能駕輕就熟的運動嘛！
嗶嗶嗶嗶…
喔？
叔叔，電話響了？
哼哼…
是國際電話耶！誰啊？

喂，我是知本。
呃啊啊啊
咦？
這什麼
聲音啊？
知……知本！
呼哈
是威廉
博士嗎？
你……快來
古巴……聖地牙哥……
馬上來！
原住民……墳墓……嗚哇！
博士，
您沒事吧？
什麼原住民啊？

啊，糟了！
咻
知本，快來啊，帶布卡來！哇啊！
博士！威廉博士！
嘟～嘟～
呃啊啊啊
嘟！
不！不要啊！
怎……怎麼會這樣，博士在古巴到底發生什麼事了啊？
剛才那個哀號聲是威廉博士發出來的喔？
是啊，大概出事了！你和我立刻去古巴吧！
嘿嘿，該不會又是博士他老人家在演戲吧？
上次就裝得要死不活的，把我們騙去英國，最後竟然只是叫我們幫忙整理書房！

還真是不堪回首
的往事！
哼～
不過這次
不太一樣耶！
聽他的哀號好像一副古巴
又要鬧革命似的。
這次恐怕不是他
自導自演的吧！
哎唷！
還古巴革命咧，
那都五十年前
的事了！
呃啊
啊啊
轟隆隆隆
不管了！還是
快去古巴吧！
咦？
啪啪
啪啪
砰
啊！
叔叔，先把潛水衣
脫了啦！

古巴．
聖地牙哥
不要啊！
燙死我了！
別大呼
小叫的！
砰砰砰砰
腰痛的話，用這種
艾草灸最好了！
這可是我去世界各地
做醫療服務時，
特別向中醫
學來的。
那好歹讓我
打個電話吧？
剛才還沒
說完……
你付電話費了嗎？
這電話可是
全村唯一的
電話耶！
氣急敗壞
七嘴八舌
拜託讓我
打一下電話！
我也要用！

十二小時後
知本這小子應該還在等電話吧……
沙
捶捶
我現在出差中，有急事請跟蘿拉助教說。
咦？出差？這麼快就出發來古巴嘍？
等一下喔！蘿拉的電話……
刷刷刷刷
轟隆隆隆
嚇！
喀喀喀
你這人到底要打幾通電話啊？怎麼逮到機會就霸著電話不放啊？
嗚哇哇
啪
哎唷，我的腰啊！
甩甩甩
哇啊！

國際機場
哇，還真遠！
加拿大多倫多
古巴哈瓦那
咻咻咻咻
我們這裡沒有直飛古巴的班機，因此要花很長的時間轉機，
而且由於古巴長期以來是社會主義國家，與世隔絕，所以心理上會覺得更遙遠。
是啊，古巴於1990年代後期開始開放觀光客進入，許多方面也都開放了，不過跟我們還是很有距離感。
有與中共建交…
嗯嗯
哈瓦那機場
哇啊，到古巴嘍！
從這裡還得換乘國內線，約一個半小時才能到達威廉博士所在的聖地牙哥。

呃
咦？
沒蓋出入境章耶！
美國等部分國家
至今仍禁止人民
入境古巴。
所以不會留下
出入境的證據！
嗚，本來我還想
收集到古巴的
入境章呢！
呼呼，
還真遠咧！
現在要
去哪裡啊？
嗯，威廉博士有提到
原住民的墳墓，
也許在台諾族的
考古挖掘現場吧！
喔？叔叔！
嗯？
呃

知本教授和布卡
搖晃
搖晃
民宿！乾淨房間！美味飲食！
古巴最棒的民宿！
MR.KANG
歡迎 J.Depp
請問你是威廉博士派來的人嗎？
搖晃
搖晃
搖晃 搖晃
哈囉？
喂！
啪
嚇！
砰
咚
哇，他突然昏倒了！
吵雜
是被那個小鬼打倒的嗎？
吵雜
咦？怎、怎麼會？

才剛到就給我
惹事啊！
我真的啥
也沒做啊？
哎，
不好意思。
抱歉抱歉。
匆匆
忙忙
喂，荷西！
你給我起來啦！
嗚嗚哇哇！
咿啊啊啊
哎唷，阿姨你真是的……
你知不知道我半夜沒睡，
一直站在這裡等啊？
睜著眼睛睡覺？
搔頭
搔腦
哎唷，說的也是……
這沒日沒夜的等
也不是辦法呀，博士
也不確定清楚……
那、那個……
咦？

回眸
轉轉轉
有什麼事嗎？
震驚
喔喔……
你們……
啊？
該不會就是知本教授和布卡吧？
是啊！我是布卡，這位是我叔叔知本教授。
萬歲！終於到了。呀呼，解脫了！
手舞足蹈

我是荷西！
我等你們等得好辛苦喔！威廉博士叫我來接你們！
幸會！
緊抓
不過你們什麼時候到的啊？
因為你們一直沒來，我就一直等、一天又一天的等……
我等了四天都沒睡覺耶！
比手畫腳
四天？
威廉博士真是讓你吃苦了。
嗯，你能了解真是太感謝了！
抓
知本教授您終於來了。
小鹿亂撞
您好！我是威廉博士的專屬醫師，我叫阿美莉亞。
羞怯
閃閃發亮
啊啊，是……
抖

噗嚕嚕嚕嚕
喔，好美喔……
我的夢中情人！
撲通撲通
啊！
真是人美如花啊！
啊，不對！既然她是威廉博士的專屬醫生，那我應該先問一下關於博士……
這人的內心戲真多啊！
嘰嘰嘰
喀啦
唉！
又是騷莎樂？
博士！
噠噠噠噠
咦？博士？你說威廉博士嗎？
莫非是與古巴的傳統騷莎樂有關的事件？
噠噠噠噠

威廉博士！
喀啦
呼呼
喔，
你們來啦？
擺臀
扭腰
閃到
嚇！
哎唷，
我的腰啊！
不是叫您要
躺著休息的嗎？
噠噠噠
好啦、好啦！
從現在起不能
再跳騷莎舞啦！
聽到了嗎？
嗚！
哈哈，我就是因為
學跳騷莎舞才閃到腰的。
呃，你看啦！
我們又上了他的當了！
嗯……

喝！
什麼又上當！
嗚！
切！
上次就耍了我們一次了！
這次不會又要我們
整理什麼書房吧？
我是沒差啦~
布卡，別滿腹牢騷，
管他是整理書房還是什麼的，
只要是威廉博士的要求，
我們都該義不容辭啊！
咦？
喔喔，知本啊……
你不愧是我的得意門生。
真是令人動容的
師生情誼啊！
感動
哈哈哈…
哈哈，您過獎啦！
不過我不是叫你們來整理書房的，
我有更重要的事。
荷西，
你去拿地圖來！
是！

刷
這就是荷西發現的台諾族地圖！
啊？
上面是寫西班牙文耶！1670年1月，哈瓦那……加勒比海……船因為颶風而在島附近沉沒？金塊、銀幣、祖母綠……啊！等等！
這麼說，
這是……
沉沒的西班牙寶藏船地圖！

加勒比海之珠

古巴是目前世界上僅存的幾個社會主義國家之一，正式國名為「古巴共和國」（Republic of Cuba）。位於美國和南美洲大陸之間，因此有著「美洲大陸之鑰」的稱呼，又因為瀕臨大西洋和加勒比海，所以也有「加勒比海之珠」的美名。

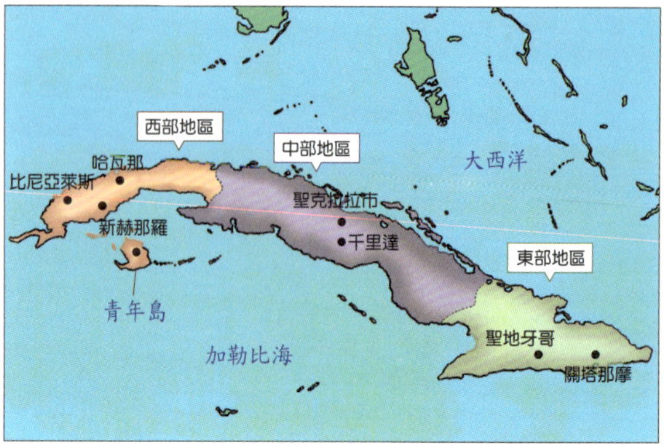

古巴的地形大致分成東部地區的山區；土地肥沃、適合農耕的中部地區，以及首都哈瓦那和特別行政區所在的青年島，亦即西部地區。

總人口約一千一百四十五萬人（2009年統計），其中百分之37是西班牙白人、百分之51是「麥士蒂索人」（印第安後裔和歐洲人所生的混血兒）或「穆拉託人」（中南美白人和黑人的混血兒）等混血人種、百分之11是黑人，另有百分之1是中國人。由於長久以來是西班牙殖民地，所以就像其他大多數拉丁美洲國家，是以西班牙語作為官方語言。

古巴地處熱帶氣候區，年平均氣溫約攝氏25.5度，氣溫變化不大，五～十月為雨季、十一～隔年四月為乾季，降水量的區分頗鮮明，適合熱帶植物和野生動物生存。面對加勒比海的南部地區氣溫較濕熱且陽光強烈，迎向大西洋的北部地區的氣候則較涼爽，溫差也較大。

團體與平等的概念

古巴人重視團體的觀念，從小就被教導要與別人一起生活，所以他們看到別人受困無助時，即便是陌生人，也會親切的伸出援手。古巴是個對外國人很熱情好客的國家，對觀光客的態度非常友好。由於治安相當好，犯罪率很低，所以觀光客即使晚上單獨出門，也都還滿安全的。

另外，古巴雖是白人、黑人、穆拉託人、麥士蒂索人等民族融合的國家，但是跟其他國家比起來卻幾乎沒有種族隔閡的問題。革命前，白人獨占上流階層，有色人種也飽受歧視，但是在革命之後，政府積極編列了反對種族差異的政策，因此慢慢形塑出平等的社會。

台灣與古巴的關係

卡斯楚是古巴共和國的第一任元首，他於1953年7月26日發動革命，並於1959年取得政權，之後便宣布採行社會主義的共產制度，與蘇聯、中國大陸、北韓等共產國家建交。因為這層關係，所以過去台灣與古巴間少有往來。

近年來古巴為解決經濟困境，採取有限度的市場開放政策，政治上也日漸開放，對外的關係漸有改善，但台灣與古巴仍沒有正式的外交關係。台灣人民如果要到古巴，沒有直飛的航線可以選擇，而得到北美洲轉機。此外，在台灣也無法申請古巴的簽證。但是如果要到古巴旅遊，且時間不超過一個月的話，其實也不需要簽證，只要在哈瓦那國際機場的櫃檯購買「旅行券」（Tourist Card）就可以通關，旅行券與簽證效能一樣，非常方便。

第二章

寶藏船與海邊兄弟

之後西班牙人就將古巴當作占據南美大陸的跳板，並建立了龐大的殖民帝國。
他們掠奪了無數的金銀財寶以中飽私囊，那時他們所駛的船，真是名副其實的寶藏船啊！
不愧是考古學家耶！對古巴歷史這麼瞭若指掌。
臉紅
哈哈！沒、沒什麼啦！
話說回來，那艘寶藏船在返回西班牙的途中觸了礁……
閃亮
對，就在加勒比海！

加勒比海周遭的氣候詭譎多變，
要是突然吹起暴風的話，
船的確很可能因為
觸礁而沉沒。
滔滔不絕
咻咻咻
哇啊啊，
叔叔突然變成
麥克了！
喔，
真的嗎？
嗯，
所以當時西……
對！所以當時西班牙人為了保護寶物，
不知費了多少心力啊！
冒出
甚至還記錄沉沒地點
或製作地圖喔！
這地圖很顯然
也是為此目的而製作的。
喔！

喂z！
嚇！
知本！你這打斷老師講話的習慣，是跟安德魯學的喔？
活該！…
博、博士，不是啦……
我的診療時間到了，先走了。你們慢慢聊吧！
啊！
威廉博士保重喔！
砰
喂喂，知本，我才訓你兩句，你幹麼就像洩了氣的球似的？不用這樣吧！
無力
嘆氣

en enero de 1670, el barco Gloria se hundi
por hurac n en frente
isla de Ma
En el barco habia embotellado de plata de pi a de 1235,
plata de 250,000, oro bruto, pulsera de oro, oro,acu ado,
cadena de oro, la cruz oro de 5 tonelady y emeraid,
varias gemas, de cinco cajas.
be in Davy's Grip
Brothren of the Coast
Let's drink Black Jack
with Parrot ~
不過要是這地圖記載得這麼詳細，那寶藏不早就被人盜走了？
要從沉船的地點打撈寶藏，哪有這麼容易！
不但得潛水下去，說不定暴風或海流也早將寶藏沖到別處了！
要是有人宣稱已經打撈到寶藏，這地圖早該銷聲匿跡了，不然也該放進西班牙的資料保管所中吧？畢竟這也算政府文獻。
不過在你找到之前，這份地圖都是被藏起來的。

啊哈，
是在消失的台諾族墳墓
中發現的吧！
等等，台諾族
尚未完全消失喔！
我身上也流著
台諾族的血！
哈哈，沒錯，
哥倫布到了古巴後，
首次遇到的人，
就是台諾族。
他在航海日誌中還寫到關於台諾族，
說他們是活在地上樂園中
的純樸人們。
咦？這是⋯
等等，
這不是西班牙語，
是英語耶！
the Coast
Black Jack
Let's drink
with Parrot ~
Brethren of coast？
海邊的諸兄弟？
叔叔，
你看一下這個！
轉
是不是
指海盜啊？

咳ㄟ咳ㄟ
嘿，我知道了！
咦？
叔叔怎麼啦？博士您先看一下好了！
Brethren of the Coast
Let's drink Black Jack
with Parrot ~
喔，好呀！最近有點老眼昏花，也許我漏了什麼也說不定！
海盜喔？
嗯，十六世紀時，加勒比海一帶有很多劫掠西班牙帆船的海盜啊！
加勒比海盜
他們大多數也是西班牙人或英國人，所以當然也同時會用西班牙語或英語。
「海邊的諸兄弟」，也許就是指海盜自己吧！
那也許這份地圖……曾經落入海盜手中嘍？

搞不好就是海盜從西班牙人手中奪走後藏起來的！
喔，對啊！這麼說也通！
啪
嗯，就是說啊！不過……
這圖形是什麼啊？蜥蜴嗎？
指
喔，那是鬣蜥（iguana）。
啊？又有新發現喔？
荷西！荷西啊！
咚咚
轟隆隆
荷西，你在啊？
喔，我都忘了……

大吵大鬧
博士！
您還沒好喔？
為什麼不來
打棒球？
什麼啊，
你在家嘛！
呵呵，今天總算
不用艾草灸了！
啊……抱歉，
我忘了！
七嘴
八舌
啊，
什麼？
要打起精神來，
好日子還在等你喔！
哇啊！你哪裡
來的啊？
咦，
外國小孩耶！
觀光客嗎？
幾歲啊？
叫什麼名字？
可以借我
穿你的鞋嗎？
什麼啊，
怎會……

哈哈哈，古巴人的熱情
都是溢於言表，對外國人
都很關心唷！
鄰居間有時連門都不鎖，
任何人隨時都可進來，
就像自己家人一樣。
布卡，打聲招呼吧！
他們是我的朋友！
喔！
我叫布卡，因為要見
威廉博士而從亞洲來的，
知道那是哪裡吧？
亞洲？
很遠耶！
點頭
點頭
哇，那就跟
棒球有關嘍！
亞洲人都很會
打棒球耶！

喔，古巴也很強啊，
你們的球隊在世界上
可是數一數二的呢！
1992 年 巴塞隆納
1996 年 亞特蘭大
2004 年 雅典
嗯，古巴是在棒球成為
奧運正式項目之一以後，
獲得最多獎項的國家喔！
驕傲
驕傲
2008 年北京
唉！雖說韓國人
在北京奧運決賽中打敗了我們，
但也許
再來一次的話，
我們會贏喔！
嘻嘻
難說喔，
鹿死誰手還不知道呢！

好啊！那我們就來打一場啊！如何？
啊？現、現在？我比較會踢足球啦……
來吧！打啦！
喔～！
好耶～！
耶！好耶、好耶！
哎唷……
哇，開打！開打！
轟隆
作響
切！我對棒球實在是一竅不通……

刷刷
咻
咻咻
來吧！
讓你見識見識
古巴的王牌投手！
去嘍！
咻咻咻咻咻
！
哎唷，隨便啦，
只要用球棒去碰
就好了吧？
咻
咻
砰
咦，
打到啦？

咻咻咻咻咻咻
全壘打耶！
哇哈哈，我果然有
運動天分！
噠噠噠噠
哈哈哈
咻咻咻喀啷
啊，
糟！
我前天才換的新窗戶
又被誰打破啦？
給我滾出來！
噠噠噠
噠
被逮到
就死定了！
嗚哇哇，
快逃啊！
我還是比較適合
踢足球啦！
嗚~
手給我
舉直！

古巴的歷史～從哥倫布的發現到西班牙的殖民

古巴原住民和西班牙征服者

中美洲的美麗之島古巴，從數千年前就有著台諾族、瓜納哈達貝族、西波內族，以及好勇鬥狠的食人族、加勒比族等居住於此，並分別締造了自己的文明。據說這座島之所以被稱為「古巴」，就是來自於台諾族語。

哥倫布於西元1492年為了開拓新航路而於此登陸後，古巴在歐洲開始廣為人知。1510年開始，西班牙征服者委拉斯貴茲正式征服這座島，並使古巴淪為殖民地，而古巴的原住民也就開始被迫開採金礦、栽種甘蔗，過著暗無天日的奴役生活。

©Wiki

古巴的原住民　食人族抓到俘虜後吃掉的宗教儀式，在《魯賓遜漂流記》之類的文學作品中有著令人恐懼的描述。

原住民和黑奴的抵抗

十六世紀西班牙人征服美洲大陸後，揭開了原住民血淚史的一頁，原住民被征服、土地被占領，歐洲傳入的傳染病也使得原住民的人數迅速銳減。西班牙人為了補充勞力而從非洲引進了黑奴，之後，西班牙殖民政府對此地的剝削仍如火如荼的進行。1812年黑奴爆發了大規模暴動，這也導致了1868年第一次古巴獨立戰爭，種族多樣的古巴人終於得以結為一體、努力爭取權益。

©Wiki

原住民Hatuey紀念碑　台諾族酋長「Hatuey」帶領全族展開抗爭，但以失敗告終，並被處以火刑。

古巴的獨立到革命之後

古巴的獨立與獨裁腐敗政府

第一次獨立戰爭之後，西班牙人承諾在古巴進行政治、經濟改革，並解放奴隸，但是他們並未真的遵守承諾，所以古巴人民又於1895年發動第二次獨立戰爭。以主導者何西・馬帝為首的四十萬獨立軍在戰鬥中犧牲。1898年，停泊於哈瓦那港的美國緬因號軍艦發生離奇爆炸事件，美國以此為藉口向西班牙宣戰，結果美國戰勝，古巴也因此獲得獨立。

但在那之後，美國便開始干涉古巴的內政。1902年，帕爾馬擔任首任總統，結果編列了所多對美國有利的政策，導致古巴的經濟陷入困境。之後在1933年發動政變而取得政權的巴蒂斯塔總統更以美國為靠山，鎮壓反對勢力並實行獨裁體制，使古巴成為政治、經濟等大部分都依靠美國的「半殖民地」，而古巴也因此成為毒梟、資本家、黑手黨的天堂。

卡斯楚和社會主義革命

對抗巴蒂斯塔獨裁政權的卡斯楚原為律師出身，他與切・格瓦拉等人組織了游擊隊來攻擊政府，於1959年以革命方式取得政權。

卡斯楚成為總理後，採取社會主義路線，並試圖強力改革商業市場，將美國體系的企業和土地全歸為國營等破天荒的政策，使得與古巴相關的美國企業大受打擊。因此美國禁止了所有對古巴的貿易以進行經濟封鎖，古巴只得仰仗蘇聯等共產盟友的援助。近年來古巴為了脫離經濟窘境，而逐漸施行小規模的開放政策，尤其美麗的自然景觀、革命歷史和獨特的文化等，都為古巴的觀光事業增色不少，是賺取外匯的重要資源。

第三章
西班牙金幣的誘惑
哼，
天氣還挺好的！
這種天氣……
刷刷刷刷刷…

啾啾
啾啾
我應該要在加勒比海享受陽光……
刷刷刷刷刷刷…
坐
媽，那個叔叔死掉了嗎？
沒有啦，他在睡覺啦！嘖嘖，年紀輕輕就當流浪漢。
啊？

流浪漢？
大怒
舔舔～
哈哈，我怎麼會是流浪漢呢？你們誤會了啦！我可是尋寶王子峰博士喔！
我只是在構思我的計畫！
我哪裡像流浪漢啊？
沙
啊……王子喔？
臭氣沖天
嗡
嗡
當然嘍！
哎唷！
掉落
癢癢
癢癢

來，
一點小意思。
沙
咦？
哎唷，
這年輕人腦筋好不正常！
那張英俊的臉都白費了！
暈~
嘖嘖
叔叔
再見。
咻
咻
咻
哇啊啊啊！
堂堂的峰巴巴
竟受這種屈辱！
都是這兩個小鬼害的！
啪
我要找他們
算帳！
哼
閃亮
咦？

沙
嗯？
這是金幣耶！
十六世紀的
西班牙金幣啊！
這是帶領西班牙
進入全盛時期的
菲利浦二世沒錯！
不可思議！
拿去拍賣的話，可以
換得數千萬元的寶物
怎麼會……
神啊，祢果然
沒遺棄我！
咻
咦？

啊，
上哪兒去！
撲
站住！
撲
可惡！
撲
啪
抓到！
咻
咻
沙
咦？
誰、誰啊？
叮叮噹噹
嚇！
嘿嘿嘿嘿嘿嘿…
這是我的金幣，
峰博士！

你竟然敢把我當老鼠耍？
你是誰啊？你怎麼會知道我？
啊，我先自我介紹一下。我叫安寶妮。
是加勒比海傳奇海盜亨利・摩根的後裔！
什麼？亨利・摩根？你是說十七世紀那個縱橫加勒比海、劫掠西班牙船隻和城市，又因為對英國國王有功，
而被授與騎士爵位的海盜王亨利・摩根的子孫嗎？
哼，你騙誰啊？我怎麼聽說亨利・摩根根本後繼無人！
名字還叫安寶妮？
火大
噗哈哈！有夠幼稚的！
居然還把加勒比海有名的女海盜安寶妮之名都搬出來啦？
哈哈哈

想到只是一枚金幣就讓你這麼拚了命的趴在地上追，我真是錯看你了。
哼！
沙
什麼？
我、我那只是出於我對寶物的好奇心罷了……
之前也是因為好奇心才讓你露宿街頭嗎？
什麼？
噗
怒火中燒
我峰巴巴……一向以紳士自居，從未對女生動手動腳的，但是我今天豁出去了。
嘻嘻
抓
你想死啊？我最近已經夠倒楣了！
沙
冷靜點，峰先生。有一個大寶藏在等你呢！
眨眼～
咦？你說什麼……
峰博士～

那就是滿載金銀珠寶而沉沒在加勒比海的西班牙寶藏船啊！
怎麼樣，興趣來了吧？
搓搓揉揉
胡說，我沒興趣。
扭扭晃晃
你怎麼會知道有什麼沉沒的船？
加勒比海這麼大，怎麼找啊？
啪
哎唷，有地圖嘛！
哼，藏寶圖？你以為那種東西會隨便出現啊？我要不是尋寶專家的話，早就上你的當了！
要是真的有，就拿出來讓我瞧瞧啊？
我現在沒有，但是在古巴一個老傢伙手中。

古巴？
嗯，古巴倒真的是西班牙寶藏船和海盜匯集之處。
嗯
要是那什麼地圖也屬實的話……
刷
就是這個人！
這個人就是地圖現在的主人，我好幾次都想下手，但是……
咦，這個老傢伙！
騷莎舞廳
搖
搖
啪
嚇！
砰
啊！
地圖
踩踩
踏踏
嗚哇！
對方還真不是普通的難對付。
一瞬間我的手下全被撂倒！

嗯~
沒錯，那人不好惹。
唷，你也吃過他的虧嗎？
什、什麼話！你把我當什麼啦？
我很清楚他的底細啦！
吼吼
好耶！
我就知道只有你鬥得過他。
鏗鏗鏘鏘
如果是這老傢伙弄到的地圖，那可能就是貨真價實的藏寶圖！
要是沒這兩個小鬼就好辦了！
那藏寶圖……絕對就是我的祖先所遺失的地圖！
啊？

1670年，亨利・摩根
拿到這張記載西班牙
沉船位置的藏寶圖，後來又遺失了。
據說是被一個從地獄來的
黑魔女給帶走了。
咦？
黑魔女？
荒唐
他到死為止都還在說那個黑魔女的事，
這個故事就在我們家代代相傳。
這女人的話
似乎沒一句是真的！
嗚嗚
黑魔女…
黑魔女…
親愛的祖先……
我一定會把地圖
搶回來的！
老大！
咦？
轉
你們到底
跑哪兒去了？

嗯？
來、來晚了真抱歉！
安迪他說要省車費，
所以就騎腳踏車來了！
呼
嘿嘿，
而且還只有三輪車。
下次我一定會找一台
更大的來騎！
吁吁
呼呼
呼
嘰嘰嘰嘰
呵呵，還真是
忠心耿耿的手下啊！
哼
這些寒酸的傢伙！
?
?
快給我下來啦！
馬上去找寶物！
咦？
真的嗎？
萬歲、萬歲！
終於有活兒幹了！

你要帶這兩個
二百五去啊？
頓住
喂，我只有兩張
去古巴的機票耶！
耳語
啊？
失望
就當是新婚夫妻的
蜜月旅行嘍！
勾
?!
新婚夫妻？
什麼啊？新婚？
你昏頭啦？
甩
噁
光是聽到都
雞皮疙瘩掉滿地
沒人要假戲真做，
那是假裝的好嗎？
假裝！
古巴是社會主義國家，出入境
都相當嚴格，要是我們入境的目的
或過去的行蹤被發現的話……
你之前不是
前科累累嗎？
嗚嗚嗚
快逃啊！
放我出去！
又被關了！

對、也對……
是有偽裝的必要！
既然是新婚夫妻，
當然只有我們倆嘍！
嘀嘀咕咕
帶他們兩個去一定會讓人起疑的。
嘻嘻嘻
老大可以丟下我們，但是他絕不是被你這個醜女人給迷倒的！
醜女人？
安迪、阿強！
刷
刷
……
嘰哩咕嚕竊竊私語
好吧，安寶妮！我們一起去吧！
嘿

古巴・威廉博士
的寄宿家庭
鬣蜥文字？
嗯，這是台諾族的
圖形文字之一。
不僅有鬣蜥！
刷
還有像這樣的唷！
沙
沙
沙
嗯～
那為什麼
畫在這裡呢？
會不會
是藏在台諾族墳裡時，
有人畫上去的？
喀啦
來，快點準備一下！
我們去尋寶嘍！

喔？已經知道是哪一座島，所以要出發了嗎？
古巴可是由一千六百多座島嶼所組成的國家耶！
哈哈，其實啊……
先去哈瓦那一趟，雖然地圖上都只有隻字片語，但是都有提到哈瓦那！
喔，對耶……先去哈瓦那找些線索吧！
哈瓦那
哈瓦那也曾經被海盜占領過兩次。
點頭
我也準備好了！
沙
喔～!!

阿姨也要去嗎？
嗯，威廉博士
叫我幫你們帶路啊！
還有，您沒忘了我們的
約定吧？我不在的期間
絕對不准跳騷莎舞喔！
一定要遵守喔，
知道嗎？
好啦，
知道啦！
愛慕
阿美莉亞不在的話，
我就可以整晚泡在
騷莎舞廳了！呀呼！
感動～
喔，老師！您居然對
我這個不才弟子這麼好，
我一定會回報您的。
這兩個懷的
是什麼鬼胎啊？
就是啊！
嘿嘿嘿
嘻嘻嘻

聖地牙哥機場
咿咿~
喂喂，
稍微離遠一點
好不好？
說什麼啊！
我們現在是新婚夫妻耶，
新婚夫妻！
轉
在把老傢伙的地圖搶過來之前，
你最好給我裝得像一點。
沙沙
!

沙
喔，真是冤家路窄啊，
那老傢伙就出現在
我們面前啦！
驚
啊？
什麼？
哪裡？
慌
喂！
你幹麼？
嚇！
真的是他們！
小鬼也在！

你要知道，那老頭身邊的小鬼可不好對付！
也許地圖現在就在小鬼手上！
沙
竊竊私語
什麼？那怎麼辦？
嘰嘰咕咕
?!
咦？那是峰巴巴嗎？
什麼？峰巴巴？
在哪裡？哪裡？
嚇到
嗚，還是這小鬼眼尖！快找個地方避一避……
刷刷刷

緊抓
湊近
?!
啾嗚嗚嗚♥
轉
喔!!
喔!!
喔!!
那個人
還真像峰巴巴!
應該是來
加勒比海度假的
新婚夫妻吧!
峰巴巴應該
不喜歡這一套!
轉
轉
轉

古巴的政治

©연합뉴스

哈瓦那街道上的革命海報　上面寫著「50年的鬥爭和勝利」，意味著五十年來都堅守正統的社會主義。

古巴在卡斯楚革命之後，雖然已經經過五十餘年了，但至今仍維持著社會主義體制。古巴國民從小就會被教導「誓死捍衛社會主義」的口號，並宣誓其忠誠和愛國的決心。而像是切・格瓦拉等社會主義的革命者，也被全國國民當成是英雄般景仰。

古巴的政黨只有共產黨，共產黨選舉時，各級代表候選人是由個人提名後，經過各級選民或代表票選產生的。國家元首身兼國家評議會議長以及國務委員會議長。現在的議長是勞爾・卡斯楚，他是領導革命的卡斯楚的弟弟。全國人民政權代表大會和國家評議會負責立法，國務委員會則負責行政、最高人民法院負責司法。

古巴的經濟

國家主導的計畫經濟

古巴的經濟是由國家主導的計畫經濟。在國家管理下的農莊和工廠所生產的物品，是透過「指定商店」來分給國民，並且採定額定量的方式。傳統的甘蔗、菸草、砂糖、雪茄產業極為發達，尤其古巴的土壤和氣候很適合栽種甘蔗，因此古巴出口的砂糖量占全世界的三分之一，是主要的出口品。但是美國的經濟封鎖以及同樣屬於社會主義國家的蘇聯和東歐等沒落後，也造成古巴經濟每況愈下。所以1993年開始，古巴也部分採用了資本主義市場經濟的方式，來調整古巴的經濟狀況。

古巴的貨幣

古巴的貨幣單位為「披索」，分成國內人民主要使用的CUP（Peso Cubano），和觀光客使用的CUC（Cuban Peso Convertible）兩種。CUC是為了減低古巴經濟對於美國的依存度，因此是為了取代美元而使用的貨幣。這是只有在古巴才會見到的「一國兩制」，1美元可兌換1CUC，但只有在古巴境內才被承認；CUP和CUC兩種都可簡稱為披索，但是1CUC約相當於24 CUP。

由於錢幣的外貌相似，因此區分起來頗為困難，依據商店的不同，也有可能不收CUC或使用上有些許差異，因為使用方式如此複雜，所以常有觀光客被敲竹槓。

CUC與CUP

社會主義經濟中的資本主義

古巴配合經濟開放而將主力投注在觀光事業上。由於古巴特殊的政治背景、音樂、詩歌、蘭姆酒等文化，因此每年都吸引全世界數以萬計的觀光客前來。但經由這些觀光事業所賺取的外匯所得而產生的經濟差異，卻為追求平等的古巴社會帶來新的問題。此外，沒有得到國家許可而私自營業的旅館、計程車或餐廳等，數量逐漸增加，問題也就與日俱增。

©연합뉴스

古巴的商店 經濟開放後，在古巴商店中也可購買到外國的商品了。

第四章

與賊同行

抖抖
到底還要待多久？我都快瘋了！
為什麼他們會來機場？
八成找到什麼線索了吧！所以他們才要去那裡查清楚啊！
嘰嘰喳喳

嘰哩咕嚕
觀光團體…！
什麼？
到底在說什麼啦？
聽不見，
再靠近一點。
嘀嘀咕咕
啊，怎麼辦？
哎唷～
啾
鬼鬼祟祟
沒票啦？
那明天才能去
哈瓦那嘍？
抖
抖
明天？
今晚就有
騷莎舞會了耶！
嚇！
我都已經
練舞練了
這麼久…

喂！
還是要去啊！
就坐長途巴士吧！
啊？
那好嗎？
?
咻
長途巴士？
可是…
那也
挺舒服的
啊～♪
刷
刷
刷
長途巴士？
咻
喂，知本！你還不快點跟
阿美莉亞去哈瓦那！
嘿嘿，哈瓦那？
總算有點眉目了～♪
刷刷刷刷～
啊！
是、是！
走，我們先去
搭長途巴士！
當然嘍，
搶先他們一步！
我們要這樣
走到什麼時候啊？
長途巴士站
呼，搭巴士
到哈瓦那要花上
十二個小時吧？
呼

喔，對了，
威廉博士為什麼
這麼心急啊？
就是啊，
搞什麼鬼？
哼
嘿嘿！就像你說的，
這些小鬼來了！
這些傢伙做什麼都逃不出
我的法眼的！
viAzul
我還滿想搭一次看看的，
這就是很多外國遊客搭乘的
長途巴士吧？
嗯，Viazul是針對
觀光客而營運的
長途客運。

所以車資挺高的，
古巴人通常坐一般巴士。
我也是第一次坐這種車
孩子們！
噠噠噠噠
呼
呼
呼
?
喔，
那胖子來啦？
呵呵呵，
身體太重所以跑不快嘛！
來，快上車吧！
呼 呼
? ?
噗嗚
喀啦
噗嚕
噗嚕
沒票了，
所以嚕！

啊，怎麼會！
幹麼不上車？
等等！
停車，停車！
大怒
快下車！
等等。
抓
幹麼？
就讓巴士開吧！
使眼色
噗嚕嚕
幸好我們
有借到車！
viAzul

哇啊！
復古車耶！
古巴的汽車大部分都是1950年代以前從美國進口的車。
1950年代之後，因為美國對古巴實行經濟封鎖，所以幾乎沒再進口車子，只好把這種老古董拿來修一修，不過都還可以跑喔！
古董耶，在其他國家都不常見的汽車呢！還真是只有在古巴才有的體驗！
那麼，出發嘍！
噗嗚
呃……這煙……
咳咳
咳咳
咳咳
噗嚕嚕嚕
很糟糕吧？要是經濟趕快復甦，引進新車的話，就不會有這樣的污染了。

哈瓦那
千里達
聖地牙哥
噗嚕嚕嚕
甘蔗谷
哇，
好寬闊的平原喔！
噗嚕嚕嚕～
這裡是甘蔗谷，在西班牙
殖民時期可是有五十座以上
的甘蔗農場啊！
噗嚕嚕嚕
甘蔗嗎？
製作砂糖的
原料喔？

嗯，肚子餓的時候就砍一棵來吃，口味很香甜清爽喔！
哇啊，真的喔
咕嚕
咕嚕咕嚕
布、布卡，你肚子有點餓吧？
哈哈哈…
咦？叔叔你怎麼突然……
轉
哈哈哈哈，小子！你不是很像我嗎？還不明白啊？
嘰嘰
什、什麼啊？
噓噓
也到了吃飯時間了。
噗嚕嚕嚕
既然都來到千里達了，那就吃點東西，稍作休息再走吧！

千里達
哇，建築物的色彩就像用蠟筆上色一般！
道路都是鵝卵石鋪成的！
這些都是建於十六～十九世紀西班牙殖民時期的房屋，整座都市於1988年被聯合國教科文組織指定為世界遺產。
觀光客還真多呢！
喀嚓
喀嚓
喀嚓
嗯，千里達很漂亮，因此總是車水馬龍的。
是切・格瓦拉的T恤耶！

布卡你知道切・格瓦拉喔？怎麼樣？他很棒吧，嗯？嗯？
嚇！你的眼睛怎麼這麼亮？
閃閃發亮
說、說到切・格瓦拉……
他本來是在阿根廷長大的阿根廷人，
但是他秉持著救人的信念，投身古巴革命並推翻獨裁政權，成為家喻戶曉的革命家與英雄！
他的少年生平還被翻拍成電影「摩托車日記」。
沒錯，你很懂耶！他是我的偶像喔！
呵呵，你畢竟是古巴人嘛！
嘻嘻
古巴人哪有不喜歡切・格瓦拉的。
也是啦！
NO、NO！就算不是古巴人也很崇拜他！
啊！
切！
切！
切！

我對他也很景仰啦，
但是沒這麼瘋狂！剛剛那個
真是死忠粉絲。
切 切 切 切
你不知道嗎？切·格瓦拉的本名叫
格瓦拉，他因為叫人時喜歡加一個
「切」字，因此乾脆加在自己的
名字當中！
這樣啊！
切是西班牙語中
與朋友打招呼：
「嗨，朋友」
的意思。
切 切 切
你乾脆叫
切·格瓦拉
算了！
切·格瓦拉也是
世界青少年的偶像。
他長得也像
電影明星一樣帥吧？
切·布卡
別叫了！
好像要把人
大卸八塊似的！
笑的樣子尤其帥。
難道……阿美莉亞喜歡
切·格瓦拉那型的人？
啊！我要是再瘦一點、
再留個鬍子的話，
就很像了吧？
沒、沒錯，
太完美了！
呼呼
呼呼
肚子很餓了！
我們趕快去找
餐廳吃飯吧！

隔天・哈瓦那國家酒店
你到底在幹麼啊？你還真以為我們是來蜜月旅行的嗎？
沙
在巴士上也不讓我下車！
快下車啊！
在幹嘛啊？
等等啦~
呼~
被你拖來這裡之後，你又都在睡覺！
呼嚕
呼嚕
伸懶腰

你到底想不想
找那些傢伙啊？
跳
腳
沙
哎唷，看你急的！
何不享受一下
加勒比海的艷陽？
你……
一定有留一手！
快把你知道的
說出來吧！
哎唷，沒有啊！
我跟你說的
就是全部啦！
沙
對啦，我是有些事
沒跟你說啦！那就是世界各地
都有愛慕我的男人喔！
嘿嘿
噁
605號房客人，
您的電話。
？！
在這裡。
沙
謝謝。

大堤的沿海步道……
好，我知道了。
大堤？
那些傢伙
剛抵達哈瓦那，
我們去瞧瞧吧？
咻
咦？
嗯……
哇啊！哈瓦那
著名的大堤！
嘩嘩嘩嘩
布卡，
小心海浪啊……
啪刷
嚇！
叫你
小心的…

海浪這麼大嗎？
是啊，為了保護都市不被海浪襲擊，所以才建造這座大型防波堤。
嘩嘩嘩嘩
喔，又來了！
轉
全都退後！
沙
阿美莉亞，你也是！
啾啾
啾啾
風平浪靜
要我……幹麼？
天氣真好~♪
呵呵
哈哈哈…

古巴的交通文化

古巴雖然具備完善的交通網，但是石油和瓦斯的供給量卻很吃緊，所以大眾交通工具並不多。古巴政府積極鼓勵民眾共乘汽車，常常可以看到穿著黃色制服的公務員在道路中攔車，並讓前往同一方向的人可以上車共乘。

外國觀光客大多利用計程車，專供觀光客使用的計程車是用三輪摩托車改造的，造型十分討喜，深受遊客喜愛。巴士分成長途巴士和一般巴士兩種，外國遊客所搭乘的長途巴士由於行駛路線較長，所以會設有洗手間，速度既快又舒適。

一般巴士的費用只有長途巴士的三分之一，路線也比長途巴士更多，但缺點是候車時間較長，行車時間也較久。此外，古巴是加勒比海沿岸唯一有鐵路營運的國家，遊客若搭火車旅行，也很舒適、安全。

另一方面，在古巴市區可以看到許多會排放黑煙的舊式汽車，這些全都是1950年代美國產的汽車，也是革命之前來自美國的有錢人所使用的車。美國對古巴實行經濟封鎖之後，物資十分短缺，古巴人便將這些車加以修理、改裝來使用，今天在古巴的路上還可以見到這些古色古香的古董汽車喔！

計程車　是專門吸引觀光客的計程車，也是觀光客旅遊古巴時最愛用的交通工具。

舊式汽車　在古巴街道上隨處可見這些在其他地方只會出現在博物館的舊式汽車。

飲食文化和有機農業

古巴料理是以新鮮蔬菜為主的健康飲食。這是因為古巴長期依賴蘇聯進口物資，蘇聯解體之後，糧食、農業器具、化學肥料的輸入中斷，使古巴的農業一度陷入愁雲慘霧的窘境。但也因為如此，古巴於是成功發展出有機農業，以減少化肥與機具的使用。

古巴菜一般都很健康，以烤肉、燉肉、蔬菜搭配米飯、豆類或根莖類一起吃。炸香蕉是著名的甜點，黑豆湯也很普遍。古巴的代表性酒類～蘭姆酒，是以蔗糖蒸餾而成，現今有超過一百多種的雞尾酒，都是以這種酒作為原料。

古巴燉牛肉飯和莫希托雞尾酒　牛肉和番茄醬做成的古巴燉牛肉飯，以及用蘭姆酒調製而成的莫希托雞尾酒。

免費醫療和免費教育

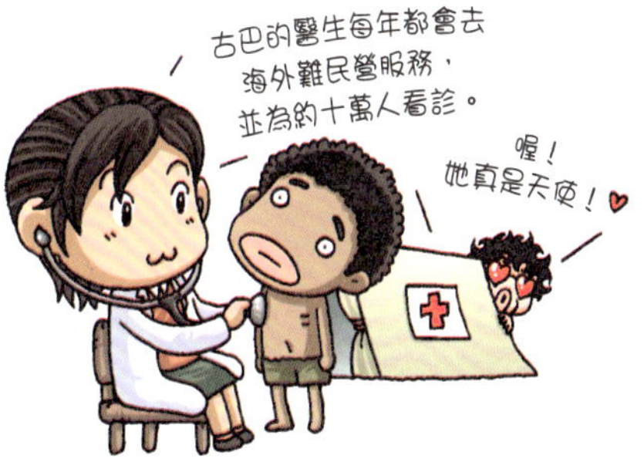

完全免費的醫療和教育是社會主義國家的古巴最引以自豪的制度。古巴是於革命後開始實施國民免費就醫以及國民教育，革命前的古巴人有百分之50是文盲，現在已降至不到百分之4。以地區為單位的家庭醫師，擔任著各個地區居民的健康顧問。如果是家庭醫師無法解決的病症，就會送至大醫院，而費用則全部由國家負擔。古巴的醫療技術極為發達，曾是世界上最早根除小兒麻痺的地方，各種器官移植手術的水準也不遜於任何先進國家。

第五章
海盜島
聽說這座大堤以前是用來抵禦海盜的城牆？
嗯，哈瓦那海岸過去全部都被圍成像堡壘一樣，但現在只有幾個接近墨西哥灣的要塞，像是摩洛堡壘被保留下來。
嗯，是喔？說到摩洛堡壘，那是可以用來監視海盜或者遙望所有進出哈瓦那船隻的地方吧？
嗯
對，就是摩洛堡壘！我們先去看看！
激動

要去摩洛堡壘，
那就搭計程車吧，
走這邊！
果然！
鬼頭
鬼腦
嘩嘩嘩嘩
那是計程車嗎？
好可愛喔！
嗯，那是古巴
最著名的特色之一！
哇啊！
啊，
好睏！
那是改造摩托車而成的，
包括司機在內只能載三個人。
沙
嚇！
噗嚕嚕
快追
那輛計程車！

摩洛堡壘
噗嚕嚕嚕
那不是摩洛堡壘嗎？藏寶圖真的跟海盜有關嗎？
當然嘍！我說過了，那是我祖先曾奪走過的地圖啊！
噗嚕嚕
地圖在誰手上？
沙
嗯……
一定在布卡身上。
不，搞不好是知本……

這裡是否可以看到地圖中的島？
叔叔，地圖給我一下。
喔，好！
沙
沙沙
藏寶圖！
哈
阿啊阿啊z!!
你幹麼？差點就被你搞砸了！要是被他們發現我就完啦！
噴噴噴噴噴
你不是都已經喬裝打扮了嗎？
那些傢伙可不是等閒之輩啊！
尤其是布卡那小鬼！
…

切！你不是自稱什麼
尋寶王子嗎？幹麼畏首畏尾的？
為了最後的勝利，
偶爾守株待兔
也是值得的啦！
等那小鬼分了神，
再去搶不是更好嗎？
這真是……
只看地圖還真看不出什麼端倪，
不過應該就是哈瓦那
附近的島……
還有這些海盜用語！
Brethren of the coast是指海邊的
諸兄弟，Let's drink black Jack
是我們來喝黑傑克。
Brethren of the Coast
Let's drink Black Jack
with Parrot ~
With Parrot？
跟鸚鵡一起？
什麼啊，
鸚鵡喝黑傑克嗎？

呃啊啊，頭要爆炸了啦！
荷西，你有聽過
喝酒的鸚鵡嗎？
暴跳如雷
荷西？
全壘打！
砰
耶，
古巴的荷西選手
最棒了！
哈啊
算、算了，我看荷西這傢伙
什麼都不懂。那叔叔……
太棒了！
荷西選手！
這次揮出
再見全壘打！
砰
砰
到海外做
醫療服務啊？
真了不起耶！
沒有啦，
沒什麼大不了的。其他的
古巴醫生也都要去啊！
哈哈哈
呵呵呵
怒火
中燒
古巴又奪下
金牌啦！
金牌啦！
你們到底
還要不要
找寶藏啊？
怒吼
那好啊，我肚子餓了！
我要吃飯！
嚇
啊
啊！！

我都忘了還沒吃飯呢！
要吃什麼呢？
哇！
哇，是騷莎樂呢！這就是古巴的代表音樂，結合了巴西的Bosa Nova曲風，和非洲節奏藍調的音樂。
稍帶點惆悵，但又很熱情有勁。
你很懂嘛！
啊，我擔心威廉博士現在搞不好又在跳騷莎舞了！
不會吧，他不是答應你了嗎？
是嗎？
博士不會又……
哈哈，我要一個人跳騷莎舞，討厭阿美莉亞在身邊！
擺臀
扭腰
嘿嘿，知本好好享受愛情吧~！

哇，這不像餐廳，像是舞廳呢！
大家都在學跳騷莎舞。
古巴人天生就具有騷莎旋律的音樂細胞，只要有音樂，哪裡都可以跳舞。
怎麼樣，我們也來跳吧？
啊？
哇啊！
龍蝦耶！
噠噠噠
好吃耶！
我、我不太會跳舞……
哈哈哈
抓
只要懂幾個基本步伐就行了。
啊哈哈哈

左腳向前踏出的同時，
將身體重心向左邊傾，
重心移為右邊時就原地不動！
一、二，這時搖動屁股。
重心位置
左腳向前
搖動屁股
原地不動
右腳向後
搖動屁股
原地不動
右腳向後踏時，重心移至右腳；
重心移至左邊時，再次原地不動！
有、有點樣子
了吧？
哈哈哈
是啊，跳得好~
足蹈
手舞

嘿嘿，
我們的機會來了！
MENU
竊竊私語
來，先這樣，
然後再……
喔，好辦法！
猛起
我就是
騷莎女王啊！
搖搖
擺擺
刷刷刷
轉圈
轉圈
啪
嚇！
抓

嘻嘻
喔！阿美莉亞小姐？
咦，我好像在哪裡見過你？
咻
嗚哇哇！你幹麼啊！
轉轉轉轉轉
啪
這是古巴的特產，來杯莫希托吧！
嗯？莫希托就是蘭姆酒加蘇打水製成的雞尾酒嘛，是海明威的最愛呢！
怎麼這麼大杯？
呃
呵呵呵，那裡面可是盛滿了最烈的蘭姆酒喔！
呃！
轟隆隆隆
火、火啊！

嗚哇哇哇！
喔呵呵呵
什麼啊！
手忙腳亂
嚇，峰巴巴？
給我好好拿著，知本。
你不想把這裡變成一片火海吧？
轟轟
地圖就給我保管啦！
啊，不可以！
咻
嘿嘿
各位，火焰秀開始啦！
人聲鼎沸
什、什麼？
哇，火焰秀耶！
哇啊～！
啪 啪 啪
哇啊啊！布卡！
布卡，救救你叔叔吧！哈哈哈！
嘿嘿嘿嘿！
噠噠噠
好耶，真棒！
啪 啪 啪
啊！峰巴巴怎麼會……

音樂的故鄉

古巴的音樂是依循時代變遷，並吸收各種文化而後誕生的。殖民地時代，西班牙的民俗音樂遍及古巴全境，而產生「瓜希拉民謠」這類的農村民謠。黑奴引入之後，非洲音樂也隨之而來，倫巴、康加等紛紛出現。1950年代受到美國爵士樂影響，曼波和恰恰於是誕生，而西班牙音樂和非洲音樂結合而成的「頌」（Son）則是古巴最具代表性的音樂種類，對於現代音樂也造成很大的影響。

©김태현

跳舞的古巴老人　在古巴，常可見到人們只要一有音樂，就隨之起舞。

古巴的音樂不是單純用聽的音樂，而更接近配合舞蹈來跳的音樂。舞蹈從殖民地時代開始就是黑奴文化的一部分，當時的傳統一直延續至今，並已經融入古巴人的日常生活中。

曼波、恰恰和倫巴等，既是古巴的代表性舞蹈，同時也是音樂的一種，今天這些舞蹈已經傳遍世界，深受世人所喜愛。

拉丁音樂的代名詞～騷莎

動感的拉丁音樂～騷莎，是古巴傳統音樂「頌」加上巴西的Bosa Nova、多明尼加和哥倫比亞等音樂結合而成的新式音樂，名稱取自於熱辣的「騷莎醬」，代表這種音樂極其熱情奔放，為拉丁美洲的代表音樂和舞蹈之一，在世界各地廣受好評。古巴的騷莎演奏包含鋼琴、小喇叭、豎琴、小提琴、吉他、定音鼓、響板等，以及殖民時代所傳入的歐洲樂器和康加鼓、邦哥鼓等非洲打擊樂器，如此才能共同演奏出各種曼妙的旋律和音色。

樂士浮生錄

樂士浮生錄的公演情況。

「樂士浮生錄」原是西元1930～1940年代，位於古巴哈瓦那的一間社交俱樂部的名稱。1996年，美國的音樂家萊．庫德集結了古巴音樂的巨擘，發行了一張以此為名的專輯，這張專輯締造了在世界賣出八百萬張的佳績，古巴音樂的旋風也開始席捲全球。這個團員全是六十～七十歲的老將，在被世人所遺忘的古巴努力保存了最道地的古巴音樂，最後終於向世人呈現騷莎樂的魅力。

他們的故事也於1999年，由德國導演文•溫德斯改拍成紀錄片電影。

第六章

戴維的手掌心

唉
抱歉，要不是我跳舞……
不是你的錯啦！是我太大意了！
不，是我的錯。
唉唉唉唉～
哇啊，我火大了！
機場那對新婚夫妻果然是峰巴巴！
轟隆隆…

算了，沒關係！我再把地圖畫一遍就成了！
咻
不過……
顫抖
顫抖
顫抖
抖抖抖……
你在畫什麼？
長什麼樣子啊？
顫抖
顫抖
?
呃啊啊！我想不起來啦！
這樣腦袋會敲壞的。
天啊！
停下來，布卡！
砰
砰
砰
哼，這時要是麥克在的話……
嘿
嘿嘿，知道厲害了吧？我智商可是有180喔！只有我才做得到！
冒煙
冒煙
冒煙
我還真是第一次想到他。
喀嚓

喂，你是在
拍我的醜態嗎？
不是啦！
我有照片喔！
喀嚓
威廉博士
給我的相機中，
有地圖
的照片喔……
什麼，真的？
給我看！
咻
快快，
拿出來看看！
噠噠噠噠
呵呵，這是當初發現
地圖時拍的照片！
有拍照存檔，
真是太幸運了。
但是
那照片……
搔頭
搔頭

看不太清楚啊！
尷尬
什、什麼啊，重要部分都被博士的手擋住了！
這什麼節骨眼了……
比什麼「耶」呀！
飄飄飄飄
沒辦法了，只好用複製品了！
翻找
威廉博士一定不記得他曾叫我做複製品，我自己有畫一張喔！
什麼？
攤開
喂！為什麼不早說？
我還來不及講嘛……
搖晃搖晃

喔，你還挺行的嘛！
跟原版的幾乎一模一樣呢！
真的是你畫的嗎？
嘿嘿
這雕蟲小技啦！
啪
我以後可也是
要像威廉博士一樣
當考古學家的唷！
喔喔喔，
荷西……
嗯？
感動
疑惑
哇啊
可愛的孩子，
你救了我一命啊！
那這地圖上也一樣
有關於島的線索嗎？
親親
親親
哇啊啊！
好噁心啊，
幹麼啦！

有耶，鸚鵡！
海盜用語也都有
寫下來耶！
鸚鵡？
！
嗯
海盜所寫的文字中
有提到鸚鵡，你知道它
是什麼意思嗎？
嗯，我沒聽過什麼
海盜用語耶……
也許是指關於
島的線索吧！
啊！
啪
啪
啪
嗯…
那會不會是……
鸚鵡島呢？
鸚鵡島？

嗡嗡嗡
CUBANA
CUBANA
青年島……
還真是有趣的名字！
以前因為松樹很多，
所以叫松島，
之後因為卡斯楚
讓多數青年移居到此，
所以才改名的吧？
但是這座島對於
海盜們來說，卻有
另一個名字。
那就是鸚鵡島！
亨利・摩根等著名海盜
當年都曾隱居在此島。
嘿嘿嘿

啪
不僅是島名，島的模樣都能在線索中看出。
將這地圖這樣看的話……
咻
這島的西部海岸線與地圖中的海岸線如出一轍，一眼就可以看出來了。
喔，只有放大島的西部。
而青年島的南部則是一片溼地。
藏寶圖上也是在這部分塗上綠色，所以藏寶圖這座島絕對是青年島沒錯！
好耶，那你現在可以推算出船隻沉沒的地點了嗎？
現在看你表演嘍，峰博士。
湊近

你是想
上哪兒去呀？
嗟嗟嗟
CUBANA
瞄
緊張
我怎麼能將這寶貴的情報
平白告訴你啊？
什麼平白？
我以亨利・摩根祖先
之名發誓，找到寶物
之後給你三成的分紅！
就那一丁點啊？
我把地圖搶到手
又解讀出位置，
其實到目前為止，
都是我一個人
在出力啊！
所以至少要給我
五成才像話！
沙
劈哩
啪啦
哼，好吧，
就二一添作五！
嗟嗟嗟
啪
但是從現在起，
都要靠我了吧？

嗯，
終於到了。
船、船耶？
你好像早就準備好了……
東張西望
哼！
不會又是愛慕你的男人
為你準備的吧？
答對了！
嘿嘿嘿嘿
哈哈哈，賓果！
我早就說他們
無所不在的！
來，現在我們就
啟程去找寶藏吧？

噗嚕嚕嚕嚕
哇啊，你們看這些樹！都是叢林耶！
噗嚕嚕
青年島上沒什麼人居住，大部分都維持著自然原貌。
到十八世紀之前都是一片叢林呢！
哥倫布於此首次登陸後，就將這島上的珍貴動植物都記錄在「航海錄」中。
一直到十八世紀，總共記錄了六千七百多種的植物、昆蟲、魚類和鳥類等生物，足以跟達爾文的加拉巴哥群島相媲美！

知本教授對生物學
也懂這麼多啊？
哈哈
哈哈，沒有啦，
考古學研究有時也要
涉獵這些嘛……
啊，
那是莫德洛監獄！
喔？
現在是紀念館，但以前
很長一段時間是監獄。這裡在
十九世紀西班牙殖民政府時期，
監禁了很多古巴獨立鬥士。
噗嚕嚕嚕
古巴獨立之父荷西・馬帝
也曾被監禁於此。

荷西・馬帝也是我最崇敬的人。
我也聽說他十分偉大。
十九世紀……
十九世紀末，他可是被譽為美洲最了不起的天才文學家，還為了古巴獨立而犧牲了生命！
激動
哪怕是只有一位不幸的人在，誰都沒有安穩睡覺的權利！
……他寫的這句話深得我心。
點頭點頭
是，我也是！
您還知道哪些曾被囚禁於此的人呢？

喔，卡……
卡斯楚也是啊！
興奮
古巴前議會議長，也是
社會主義革命家的卡斯楚，
於1953年第一次革命失敗時，
也曾被逮捕入獄。
火大火大…
又、
又來了……
激動
叔叔！
你幹麼啦？
對了，布卡，你是否也跟我
想的一樣，覺得那地圖中的
島是青年島呢？
眨眼
是……是啊！
可能性的確很高。
它也有鸚鵡島
這樣的別稱，
海岸線也與
地圖上的一致。

那你可以知道船沉沒的地點嗎？
應該可以，我有幾個比較懷疑的點。
翻找翻找
刷
這個標示為「be in Davy's Grip」…
be in Davy's Grip
喔，戴維！我也是想這個！
它是指戴維・瓊斯嗎？
嗯！
唉，越來越像麥克了。
戴維・瓊斯的正確語源不詳，但他可是船員間口耳相傳的魔鬼般人物吧？
據說他會召來颱風、亂流、溺斃等各種災害。
所以與戴維・瓊斯相關的故事和用語都很多吧？
例如「戴維・瓊斯的櫃子」這句話，就是意指「聚集溺死船員靈魂的海底。」

這麼說來，這個
戴維的手掌心……
是指什麼呢？
呃！
別再說這些嚇人的故事啦！
我看……
我們還是放棄，
回家吧？
抖抖抖
如果無視海盜警告的話，
是會遭殃的！
哼……
戴維的
手掌心……
但是看看這十字標記，
這的確就像是藏寶位置……
十字標記？
哪有？
指指
be in Davy's G
這個啊，這不是西班牙人
標示沉船位置的標記嗎？

¡Viva el Baseball!
¡Tonto Jose!
be in Davy's Grip
等等，那是什麼？
什麼？
啊，真的耶！地圖本來就這樣嗎？
咦，可是這裡有很多個呀！
你看！
棒球好棒……荷西笨蛋？
¡Viva el Baseball!
¡Tonto Jose!
啊，那是……
呼，總算畫完了。
把真的地圖拿回去給博士！
喀啦
荷西，來打棒球！
喀啦
衝出
咦？不在？
這什麼啊？
他在家畫這個啊！
嘻嘻
給他寫個笨蛋？
嘿嘿嘿
再多畫幾個十字標記！
誰叫他不去打棒球！
怒怒怒

這些傢伙，
我饒不了他們！
所以這根本不是
一樣的地圖嘛！
搖晃
搖晃
孩、孩子們！
哎唷，
車在晃啦！
西班牙寶藏船的
位置，就在這裡嘍！
啪
be in Davy's Grip
喔呵呵！
Brethren of

古巴的革命英雄

古巴獨立之父～荷西・馬帝

（西元1853～1895年）

©Wiki

荷西・馬帝肖像　發起古巴獨立革命的馬帝，被視為古巴獨立和民族魂的象徵。

荷西・馬帝是領導古巴革命運動的革命家，也是著名的文學家，至今仍受古巴人民極高的推崇。他從十六歲時參與第一次古巴獨立戰爭之後，就投身古巴革命，但卻因失敗而逃亡至美國。西元1894年，在美國紐約籌組古巴革命黨之後，回到古巴發起第二次古巴獨立戰爭，但是不幸戰死。不過他的熱情使得古巴人民對於獨立的意志更為堅定，之後古巴獨立戰爭總算以勝利告終。他曾透過文章〈我們的美洲〉，主張血統和語言都相同的拉丁美洲人民應該要團結一致，也寫了許多溢於言表的詩篇，堪稱是近代主義的先驅。

古巴人永遠的朋友～切・格瓦拉

（西元1928～1967年）

©Wiki

切・格瓦拉　為古巴革命而奉獻，至今被譽為是古巴人永遠的朋友。

切・格瓦拉本是出生於阿根廷的中產階級家庭，於布宜諾斯・艾利斯醫學院求學，但是常與朋友騎摩托車旅行的他，目睹了拉丁美洲的貧困與痛苦，促使他終於在1956年下定決心，加入古巴反政府革命軍。起初他只是擔任治療傷兵的醫官，但是不久便親自參與戰鬥，也於戰鬥中大放異彩。革命成功後，受到古巴國民的愛戴，古巴人毫不在意他的身分，擁戴他接任國立銀行總裁、產業部長等官職。

古巴革命成功六年後，他本可以接續執政者卡斯楚的位子，但是卻為了支援剛果、玻利維亞的革命而離開古巴。

1967年，他於玻利維亞組織游擊隊並發動抗爭，卻遭到政府軍的逮捕而被處死。切・格瓦拉留下《古巴的人民和社會主義》、《游擊戰》等著述，可看出他對理想社會的嚮往與熱忱，被世界各地青少年奉為偶像。據說他的圖像，是能被最多人類共同辨認的圖像之一。

社會主義革命者～卡斯楚（西元1926～）

卡斯楚是統治古巴達46年的革命家，本為律師，但是對獨裁政府深感不滿，便於1953年1月28日以紀念荷西・馬帝百歲誕辰之名，帶領150名青年發動革命。但是因為失敗而遭到逮捕，他在審判時高喊「歷史會證明我無罪」為自己辯護。

©연합뉴스
卡斯楚革命成功後，成為世界上掌權最久的執政者。

他被釋放之後，在墨西哥遇上切・格瓦拉，並計劃了徹底的革命。1956年回到古巴後，在兩年之間與政府軍展開戰鬥。之後古巴的游擊戰可說是「遍地開花」，1959年1月1日政府因為無法再獲得美國的支助而垮台，革命也因而成功。

掌握政權的卡斯楚在經濟、教育和醫療方面實行改革，給予貧困的勞工和農民極大的優惠，但受到打擊的許多中產階級人民卻因此逃離古巴、流亡至國外。

至今對於卡斯楚，仍有革命家和獨裁者的兩極評價。他在不保障人民自由，以及長期與美國交惡造成經濟困頓等方面受到極大的批判，但是免費的醫療和教育制度等政策，卻受到很多人的支持。

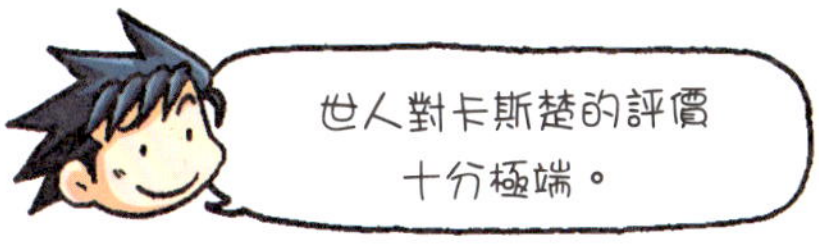

第七章

大海撈針

嘩啦啦啦啦啦…
抖抖抖抖抖
喔呵呵呵呵！
驚恐
你、你幹麼啊？
咻
喔，峰博士！你想像一下這藏於深海的寶藏！難道不覺得熱血沸騰嗎？
這數百年來等著我……不，等著我們的寶藏啊！
等我吧，我馬上就把你們打撈上來。
喔呵呵呵
啾啾 啾啾
無言…
只要再忍一下這些胡言亂語就好了。

咻咻咻～
不能就這樣去海邊啦！
呃
只看地圖的話，
再近的距離都會有誤差，
這樣沒頭沒腦的找，
根本是大海撈針！
火大
火大
呃呃，這些傢伙……
你們等著瞧！
地圖是一個問題啦，
那船又要去哪裡找……
要不要跟威廉博士
講一下現在的情況？
呆
知本！
我只信任你啊！
喔！好！
就這麼辦吧！

威廉博士的寄宿家庭
震驚
什麼？
地圖被搶了？
生氣
布卡的手機
啪啪啪
呃啊啊
啪 啪 啪 啪
呃啊啊
抱…抱歉，那…那個…
畏畏縮縮
他一定會臭罵我一頓……
現在道歉有啥用啊，機場那對夫妻果然就是峰巴巴！
呃呃
呃呃
親親親親~
呃呃呃~
哎唷，腰又痛了，到時候一定會被阿美莉亞發現我去跳舞……

唉，是我的錯……
一不小心就被搶走了，
荷西的地圖又被畫得
亂七八糟……
唯唯諾諾
畏畏縮縮
欸！
啊？
你說什麼？
叔叔，
我來說啦！
欸！
受不了！
啪
威廉博士，我是布卡，
幸好荷西有畫一張
差不多的地圖啦！
噢！對！
我有叫他畫一張啊！
哎唷！
啪啪
但是荷西的朋友卻惡作劇
將它亂塗鴉，現在我們不知道
究竟哪一個才是確切的沉船位置。
其中比較可疑的有五處，
但是我們現在沒有船可搭！
古巴棒球
萬歲！
荷西
笨蛋！！
嘻嘻嘻
嘿嘿
Brethren of the Coas
Let's drink Black Jac
with Parrot ~

船？
我不是有先向古巴政府提出要打撈海底古物的公文嗎？
好耶！您果然設想周到。
我們現在很緊急，搞不好峰巴巴已經捷足先登了！
那就快去標示地點，也許可以追到峰巴巴的船！
好的！峰巴巴會去的地點一定就是……
原來地圖標示的沉沒位置嘛！
沒錯！快啓航吧！

快到了吧？
現在開啟
磁性探測器看看。
喔，用磁性探測器
來找沉船的確是好方法！
呼
磁性探測器可以透過
感測海底的磁性變化
來找出金屬物，但是要確定
是什麼金屬物的話，
還是得派人下水去勘查。
不過由於波浪或風可能會移轉
沉船位置，所以到時候還是得
出動潛水員下海尋找。
東張西望
等等！
你不會有潛水員吧？
嘻嘻

我當然是萬事俱備嘍，
這有什麼好懷疑的？
別說這麼多了！
到底有沒有啦？
來啦，
就是他！
嘻嘻嘻
什麼，
就一個？
哼，他可是
最頂尖的好手呢！
哼
左顧
右盼
威廉博士真是設想周全耶，
好棒的船。
東看看
西瞧瞧
就是說啊！
喀啦
潛水裝備
也一應俱全。
喔，知本教授！

你會浮潛啊？
喔？啊……
崇拜
仰慕
當、當然會啊！
哈哈哈
寶藏歸寶藏，沉船本身也是一大考古遺物，身為學者的我當然要親自下水去一探究竟才是。
還必須做到不能隨便碰觸的妥善管理。
還是考古學家最用心了！
GOOD!
……
威廉博士也十分用心，所以我們才有船可搭嘛！
哈哈，是啊！
古巴人民要搭船出海的話，程序可是非常複雜的呢！

嗯，以前就曾聽說很多人搭船偷渡到美國的佛羅里達州。
但薪水這麼少怎麼買得起？
古巴雖然沒人餓死…
空
逃到美國去！
賺錢去！
都是經濟問題影響的，因為美國實行經濟封鎖，造成古巴經濟蕭條。
佛羅里達
古巴
叔叔，我先下水瞧瞧喔！
啊？
啊？…啊!!
不行！
你又不是專家，很危險啊！
?!
緊張

喔喔喔喔？
手忙 腳亂
慌亂
啪
嘎 啊 啊 啊 啊 啊
咻
撲通
咻咻咻
噗哈
咻咻咻
鯊、鯊魚啊！
啪沙 啪沙
哇啊啊，
救命啊！
嘎 啊 啊 啊
啪沙
啪沙
咦，
那不是鯊魚吧？
還是快救他
上來吧！

啪
撲通
啪沙 啪沙
噗哈
噗哈
噗哈
謝、謝謝。
差點就沒命了……
咳咳
哎唷，您看啦，
那是海豚啊！
嘰嘰嘰
啊？
咕嚕
咕嚕

嗚，潛水衣要是被尖銳的珊瑚礁
給刮破就不好了。
沙沙
附近都沒看到船耶！
噗哈
水底也不像
有什麼不尋常
的事物。

你什麼時候學的浮潛啊？
懷疑
學什麼？每次陪你去上浮潛課時順便跟教練玩玩就會啦！
什、什麼？
不過海這麼大，要怎麼追峰巴巴的船啊？
呃
峰巴巴搭的船絕不會一眼就看出來的，也許就是搭像我們這樣的小漁船。
找到十字標記的位置再仔細看看周遭的船。
這裡沒有！
沒有看到船……
不是這裡。
也不是這裡！

搖頭 搖頭
噗哈
失望
咿咿咿……
又是……
怎麼都是
垃圾！
只要是金屬物，
磁性探測器本來
就會有反應的嘛！
啪
潛水員
也很累耶！
轉
不行，只有一個潛水人員
是不夠的。
你也下去找找如何啊？
不太好吧？
我不太會潛水啊！
這女人
玩什麼花樣？
我來開船，
你不用擔心！
來，快！
沙
那、那個……
躊躇
猶豫
呵呵，
怎麼能不會潛水呢！
如此一來計畫
就破局了！

還有啊，就算找到了寶物，你有沒有想過要怎麼烘乾以及搬運啊……
咻
這點不用你操心！
我的人都知道該做什麼。
驚覺
什麼，你的人？
喔呵呵呵……
啊，糟了！
我是說要用人的時候再雇用潛水員就好了，嘿嘿嘿！
喔，快到晚餐時間了，我們先靠岸吧？
慌慌張張
嗯……

既然汽油都裝滿了，
我們去最後一個地點
瞧瞧吧？
這裡就是所謂的
「戴維的手掌心」
之地。
可是沒見到
峰巴巴的船啊……
刷刷刷—
嚕嚕嚕—
沙沙沙…
嗯？
啊，
他們怎麼……

古巴與美國既熟悉又陌生的關係

干涉古巴內政的美國

古巴位於美國與南美洲之間，因此在歷史上與美國有著密切的關係。從西班牙殖民時期開始，美國大部分的砂糖就都是仰賴古巴供應。古巴獨立戰爭時，美國也協助古巴接受西班牙的投降，但代價卻是美國得以與古巴簽訂與其政治有關的協定，甚至可以干涉古巴的軍事。從那時候起，美國就解散古巴的獨立軍，並且大量收購古巴的土地和農場等，一步一步蠶食古巴。親美派的巴蒂斯塔政府又因為腐敗不堪，使得人民陷入生活的窘境，讓好不容易從西班牙手中解放的古巴又陷入了美國的掌控中。

©Shutterstock

古巴國會議事廳 以美國國會大廈為藍本所建的建築物，至西元1959年都作為國會議事堂，共花費了三年時間建造，動用五千多名勞工。

古巴與美國的斷交

巴蒂斯塔政府的貪腐變本加厲，民心已經完全與之向背，這期間美國又突然宣布停止支援古巴政府，使得卡斯楚的革命得以成功。但是卡斯楚主張社會主義，並將土地收歸國有，本為美國企業經營的工廠和銀行等全被沒收，以致兩國關係惡化，最後美國禁止與古巴間所有的貿易。

這時，同樣身為社會主義國家的蘇聯資助古巴，兩國正式建交，古巴也與美國斷交。但古巴此舉不僅是與美國斷交，因為其他拉丁美洲國家與美國有很深的牽連，因此兩國的斷交也影響了古巴與其他拉丁美洲國家的關係。

飛彈危機和經濟封鎖

和古巴斷交後的歷任美國總統都想盡辦法要推翻卡斯楚政權，但這只使得古巴人的反美情緒更為高漲。蘇聯於西元1962年在古巴設立飛彈基地企圖威脅美國，但卻被美國偵察機發現，全世界隨即陷入緊張，此事也因而被稱為「古巴飛彈危機」。

美國對於古巴的大動作做出了反應，遂在關塔那摩基地部署了核彈，以因應一觸即發的戰爭。此外，為了防止蘇聯的武器進入古巴，美國還派遣了軍艦封鎖了古巴的海上武裝。事實上，美國軍機抵制蘇聯軍艦、古巴飛彈擊落美國偵察機等事件，都足以讓環繞在古巴的美國與蘇聯間的紛紛擾擾演變成一發不可收拾的核子戰爭。所幸蘇聯撤除飛彈基地，劍拔弩張的局面於11天內緩和。但是美國也從這時開始完全封鎖古巴經濟，而古巴在其他社會主義國家紛紛解體後，經濟情況也每況愈下。

©U.S Navy

驅趕蘇聯軍艦的美國軍機 10月24日美軍出動軍艦和戰鬥機，成功驅離兩艘蘇聯戰艦。

餘波盪漾

經濟狀況惡化後，許多古巴人都偷渡到美國佛羅里達的邁阿密等地。他們和一些革命後的古巴人一起打著反卡斯楚的口號，並希望古巴早日脫離社會主義、投向民主主義。最近的古巴慢慢進行許多改革開放，美國政府也宣布解除對美國公民前往古巴探親，以及他們向在古巴親屬匯款的限制，透露出心結漸解的可能性。

第八章

海底的銀幣

結果一無所獲……
峰巴巴到底跑哪兒去了？
天色這麼暗，要潛水也不容易，他該不會先靠岸了吧？
呼～
是吧，荷西？
嗯？
緊張
緊張
呃呃呃呃……
我不知道！我要去廁所！
慌慌張張
……
噠噠噠噠

大概是剛才
吃太多了吧？
我有帶胃腸藥……
放哪兒去了？
翻找 翻找
啊，
那裡有船耶！
！！
不知道是不是
那些傢伙的船？
搞不好是漁船。
問問看吧！
喂，
收穫好不好啊？
當然嘍，待會兒
搞不好還會捕到
旗魚咧！

喔，旗魚啊！
這讓我想到海明威的《老人與海》啊，老人奮鬥了數天所捉到的魚，就是旗魚。
故事中的老人其實就是影射海明威的古巴朋友。
海明威以此作品獲得了諾貝爾文學獎，雖然他是美國人，但是卻受到古巴人的愛戴。
……
辛苦嘍
哈哈哈，是啊！
哼，什麼旗魚……
轉身
那我們就照原定計畫行動吧？
是，請上小船。

嗯……
唰沙
唰沙
那些傢伙怎麼
追到這裡的？難不成他們
還有一張地圖？
哼，管他的，
反正他們是白費心機。
沙沙沙
啪
爬
爬

找到了！
我拿去
給荷西吃。
好～
叔叔，我覺得
那艘船有點古怪耶！
是嗎？
再確認一次……
?!
你想確認什麼啊？
峰巴巴？
嘿嘿

死小鬼和胖子！
真是冤家路窄，是不是啊？
就是啊，
不是冤家不聚頭嘛！
我們就是來找你的！
我想你既然搶走地圖，
當然就會來找沉默的寶藏。
啊？
不過你似乎
還沒找到沉船的
確切位置吧？
沙
喔，你這小鬼
比外表看起來
聰明多了！
真討厭！
啪
喔呵呵呵呵
阿美莉亞小姐！
啊！

看你還有什麼
好神氣的，小鬼？
怒怒怒
轟隆隆隆
咿咿咿…
呃呃呃……
你竟敢……
劈劈啪啪
啊！
驚嚇
暴衝
還不給我放手？
喝啊啊啊啊
!!
嘎
啊
啊
啊
啊
刷
!!
唷，嚇死我了，
想逞英雄啊？
怎麼樣，大英雄？
你要是不聽我的話……
我就殺了她。
喀嚓

刷刷刷
哎唷，
怎麼這麼吵？
咿咿咿
出什麼事啦？
咦？
嗚…
別動！別出來！
搖頭搖頭
嚇
什、
什麼啊？
去把船長也抓來，並且
弄壞引擎和無線電！
是！
天啊！
怎、怎麼辦？

得把這些傢伙留著，
他們還有利用價值。
嘿
你說什麼？
把我們抓來當人質要幹麼？
快把阿美莉亞放了！
看到了吧？他想救那個女人，
所以會乖乖聽話！
什麼啊？我看還是
快殺人滅口吧！
你想想，他們可是
自稱尋寶王和
考古學家的人耶！
要是把他們丟到海裡找寶物，
豈不是比你的潛水員
下海找更快嗎？
呃
哼，那就這麼辦吧！
就把這女人綁在這裡
威脅他們！
哼～
啊……

我有句話要說！
沙
請絕不可以動阿美莉亞小姐一根寒毛！
知本教授……
此外，沉船的殘骸是貴重歷史遺物，所以只能由專家……
囉唆，快下去啦！
踢
哇呀！

……
……
撲通
嘿嘿
布卡，這可是你發揮實力的大好機會唷！
怒視
撲通
平靜~
跟上去！
點頭！
沙
撲通

咕嚕 咕嚕
我……
不會游泳啊……
我是不是已經死了？
救命呀……
咕嚕
咕嚕
知本教授，
我在這裡啊！
飄飄
飄飄
喔……
阿美莉亞的聲音？
覺醒
沙
對，
阿美莉亞小姐！

哼，游泳算什麼！
這樣不就行了！
划划
划划
等我啊，
阿美莉亞！
噗哈
成功了！
看到船了！
要不是峰巴巴的話，
也許老早找到沉船了！
船要是沉沒在這麼
溫暖的海水中，木頭部分
可能早就腐爛了，只剩下
大砲等不易腐爛的
金屬物吧？
東張西望
左顧
右盼

要是有大砲或
船錨之類的東西
出現……
咕嚕咕嚕
唉……
都沉沒了數百年，
要找到談何容易？
嗯？
那是石頭嗎？
被珊瑚礁覆蓋了？
咕嚕
咕嚕
沙沙沙
刷刷

難道是……
大砲？
沒錯！
是十七世紀的
西班牙青銅
大砲！
!!
啪
那女人
的手下嗎？
可惡，想繫上浮標
來標誌位置嗎？
想得美！
咻咻
啪
啪
滑落

咻咻咻咻
咻咻
啊……
糟了！
砰
啪
啪
嗚哇！
被珊瑚礁
刮到了？
要快點
處理……咦？

那、那是……
啪
澎
好耶！
浮標浮出來了！
還真找到啦！
哈哈哈…
好在聽你的話，
留他們活口！
涼
意
咦？

沙
!!
你也辛苦了，峰先生！
還是叫你峰博士比較好啊？
安寶妮，你究竟是什麼人？
喔，我看這樣吧，
搭上我的船，你就會恍然大悟的。
指
咚
飄揚
喔……
海、海盜船？
海、海盜…
喔呵
呵呵…

代表古巴的藝術家

古巴的驕傲～海明威

小說《老人與海》、《妾似朝陽又照君》、《戰地鐘聲》的作者海明威雖然是美國人，但是卻以古巴的國民作家而更為人所知。他住在哈瓦那附近約二十年，並在這裡從事寫作。據說就是因為在這裡的漁村遇見了一名老人，才啟發了他撰寫《老人與海》的靈感。這篇短篇小說於西元1953年獲頒普立茲獎，更榮獲1954年的諾貝爾文學獎。他將這份榮譽獻給古巴的守護聖人～仁慈聖母，藉以表達對古巴的愛。喜愛古巴的海明威所寄宿過的飯店和常去的咖啡店、餐廳等，現在都是著名的觀光景點。

海明威　以老練的筆觸刻畫出真實人生的許多著作，堪稱二十世紀的代表作家。

古巴的畢卡索～林飛龍

林飛龍出生於1902年，中非混血的他，以自身的出生和成長背景為養分，創作出獨特的藝術世界。他從二十一歲時開始就在西班牙學習歐洲藝術，在那裡待了十四年之久，畢卡索的藝術帶給他很大的影響。

林飛龍於1941年回到古巴，兩年後他的作品《叢林》首次出現於畫壇中，之後為了慶祝古巴革命成功，而創作了名為《第三世界》的作品。他以超現實的手法表現非洲宗教的獨特

林飛龍　用幾何圖形和面具圖像表現出非洲的神祕氣氛和拉丁美洲的生命力。

氣氛與拉丁美洲的歷史。擁有「色彩、記號、線、圖形詩人」之美譽的他，代表作品有《叢林》、《草綠背景上的女人》、《婚禮》和《坐著的女人》等。

古巴的第一運動～棒球

在古巴，最受歡迎的運動就是棒球。古巴的棒球從何時開始風靡已經很難明確說明，但是原住民台諾族就有著類似棒球的運動，遊戲十分容易上手，因此被推測是棒球的先驅。

似乎在古巴國土的每塊空地上，都可以見到拿著球棒打棒球的孩子，每年11月中旬至月底，是全國棒球聯盟開打的賽季，每個城市都可以見到如癡如狂的球迷在搖旗吶喊。

因為古巴沒有職業棒球聯盟，所以實力好的球員無法像其他國家的選手般可以賺進很多錢，但是古巴國家代表隊在每次世界大賽中都有耀眼的佳績，選手們也認為代表國家出賽是無上的光榮。此外，許多優秀選手也會接受美國棒球隊的招聘，到美國打職業棒球。

古巴革命成功後，球員若想加入美國棒球隊，就得先逃亡至美國，不過仍有許多選手面對百萬美金的誘惑卻不為所動。

©김태현

打棒球的古巴孩子們　在古巴的街頭巷尾都可以看到孩子們正高興的在打棒球。

©연합뉴스

古巴的棒球國家代表隊　在奧運賽中屢獲金牌的古巴隊相當自豪其實力。

第九章

加勒比海盜

嘿嘿嘿，好久沒穿
這套衣服了！
原來現在還有在
加勒比公海上橫行的
海盜啊，還真讓我
給碰上了！
呵呵呵
我早跟你說了！
我就是亨利・摩根
的後裔啊！
哼
聽起來挺合理的，
難怪這俗氣的衣服跟你
還挺「速配」的。
不過跟你之前的衣服
比起來，這算好的了，
那時候我真的都懶得看你。
嘻嘻
噗
呃

哼，你少在那裡耍嘴皮子，
雖然你是長得挺帥的，
不過我還是得把你殺掉！
準備好了嗎？
是！
那就讓魚兒
飽餐一頓吧！
喔呵呵呵呵
嘻嘻～
怎麼辦？
要快點通知海上警察啊……
可是無線電
也被弄壞了！
啊，
有船！

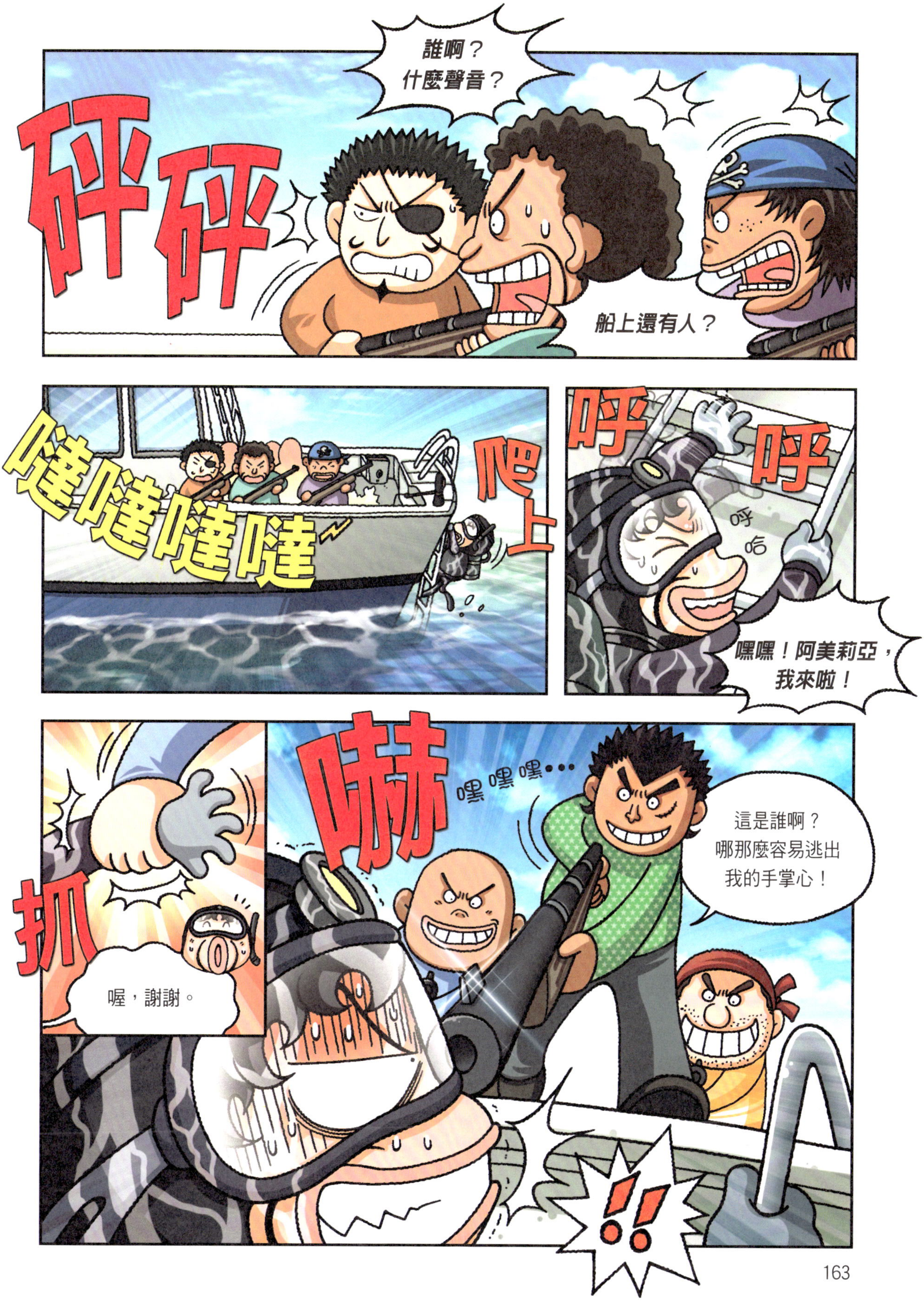
誰啊？
什麼聲音？
砰砰
船上還有人？
噠噠噠噠
爬上
呼呼
呼哈
嘿嘿！阿美莉亞，
我來啦！
抓
喔，謝謝。
嚇
嘿嘿嘿…
這是誰啊？
哪那麼容易逃出
我的手掌心！
!!

嗚嗚……
血流不止！
這種狀態
怎麼跟峰巴巴鬥。
停止
等等，
峰巴巴在我們
船上……
划划
噗哈
呵呵，被我找到了！
峰巴巴原來的船上
現在應該沒有人。

沙
呃，血還在流，
只能用一隻手了！
砰！砰！
嚇！誰啊？
抓
哇啊啊？
哇啊！
刷刷
抓
哈哈哈
你、你是……
荷西啊？

這是怎麼回事？他是被你擺平的嗎？
不敢
置信
嘻嘻
抖抖
抖抖
痛痛痛痛
滾滾滾滾
知道我的實力了吧！一擊必殺啊！
揮
揮
揮
砰
鏗
鏘
嚇！
喔，好身手啊！
這是古巴少年必備的實力啦！
哈哈哈
不、不過……你看那個！
只要到我手中就……
轉
你說什麼？

飄飄
飄飄
刷刷刷刷
哇啊啊！
我們的船要沉啦？
抖抖
抖抖
抖抖
我還以為這種場面
只會在電影中
出現……
阿美莉亞，
無法救你真是抱歉。
不，不要放棄希望，
知本教授。
水神歐賞會
與我們同在。
你是說薩泰里阿教的歐賞水神嗎？
你也是結合天主教和非洲民俗信仰的
薩泰里阿教的信徒啊？

是的，歐賞在薩泰里阿教的數十位神明中是代表水和愛情的神。
我祈禱祂賜予我勇氣！
愛情？
噗哈噗哈
噗哈 噗哈
划水 划水
斜眼
喔喔！愛情？對，就是愛情帶給我力量的！
死胖子！你恍神啊？
快跳啦！
戳
嘎啊啊啊
抖抖
抖抖
呃啊啊
抖抖
抖抖
跳
跳跳
喔喔……
啪
呃啊啊！
哇哇哇
嗚哇
撲
通

刷刷刷刷…
……
現在幾點啦？
都要變成魚的晚餐了，還管什麼時間？
哼
呵呵，還輪不到我上路呢！
連游泳都不會的人，死到臨頭還廢話！
啪
?!
嘿嘿，給你鬆綁也好！
噠噠噠噠
快跳啊！我要看你沉到海底溺死的樣子！
什麼聲音啊？
啪
哼，你真是好人！
咦？
啪

咚
撲通
平靜……
咦，這樣就完嘍？
好像太無聊了。
失落
真沒意思～
老大！要趕快
打撈寶藏才行！
免得……
沙
對，快行動。
噠噠噠噠噠噠噠噠
噠噠噠
撲通
怎麼會有直升機？
鏘
鏘

該、該不會……
咕嚕
咕嚕
刷刷
啪沙
安寶妮！
我的那一半寶物
我就先帶走啦！
哈哈哈…
噠噠噠噠噠…
可、可惡！
快幹掉他！
還等什麼？
哈哈哈哈
砰砰
砰砰砰
噠噠噠…
安寶妮
再見

古巴的宗教

古巴天主教的歷史

包含哥倫布在內的許多探險家，心中都懷有開拓新航路和傳播天主教的使命。征服古巴的西班牙人，也將有關原住民的原始信仰文物全數破壞銷毀，並強迫他們信奉天主教，之後當非洲引入的黑奴來到這裡後，他們也同樣打擊黑人們原有的信仰。因此就像其他拉丁美洲國家一般，古巴信奉天主教的人口高達百分之70。西元1959年卡斯楚發動社會主義革命之後，在政府鎮壓宗教的同時，信徒人數也大幅銳減，但是在1991年宗教禁止的法令解禁、1998年教宗若望保祿二世訪問古巴後，信奉天主教的信徒人數又逐漸攀升。

哥倫布登陸美洲　圖中描繪歐洲的開拓者一手持劍、一手拿著旗幟，半威脅半勸導的要求原住民須改信天主教。

反映拉丁美洲文化的天主教

天主教在傳入古巴後，漸漸被拉丁美洲的獨特文化所同化，進而發展出不同於歐洲本土天主教的樣貌。天主教固有的宗教儀式和神像等，都為了讓當地的原住民、麥士蒂索人和黑人等許多人種的需要而改變了形象，尤其聖母瑪莉亞在每個地方都有不同面貌。

在哈瓦那的雷格拉教堂中，甚至還有黑面的聖母瑪莉亞像，而抱著嬰兒耶穌的聖母瑪莉亞像則特別被討海人當作是保護船員的守護神。

哈瓦那的雷格拉聖母　在薩泰里阿教的名稱是亞瑪葉，每年9月8日是亞瑪葉節，會先舉行天主教的彌撒之後，再舉行薩泰里阿教儀式。

和天主教混合的民俗信仰～薩泰里阿教

薩泰里阿教是只有在古巴才看得到的獨特宗教，薩泰里阿是起源於西班牙文中的「聖人」（san, santa）一字，有「神的集合」之意。

西班牙政府殖民古巴時期，曾鎮壓過黑人的多神信仰，而這些黑人大多是來自西非的約魯巴族，他們為了避免被迫害，所以就將部族的神改成天主教聖人的樣貌，這便是薩泰里阿教的起源。

起初天主教教會視薩泰里阿教為異端，一度予以打壓、驅逐。但越是如此，黑人反而以越巧妙的方式來包裝自己的神明，而堅守住自己的信仰。約魯巴族的神明為「奧裡沙」，在薩泰里阿教中，就有約四十位為天主教聖人長相的奧裡沙，且各司其職。而薩泰里阿教也有像天主教中的聖父、聖子、聖靈的三位一體說，奧裡沙之母亞瑪葉就有如天主教中的聖母瑪利亞。

©adriana

薩泰里阿教儀式　薩泰里阿教沒有特別作為信徒集會的禮拜場所，祭司在家中就可以舉行膜拜儀式。

1950年，薩泰里阿教終於被認可為合法宗教，現在已是古巴最常見的民俗信仰。結合舞蹈和音樂的薩泰里阿教儀式，也是代表古巴的民族藝術之一。

第十章

獎落誰家

划划
划划
噗哈
砰砰砰
砰砰砰
噠噠噠噠噠…
小心，
有槍聲！
快，把他打下來！
讓他逃了就糟了！
砰
砰
砰
砰
砰
老、老大！
你看那個！
什麼？
轉

嗡
嗡
嗡
哇啊，糟糕！
是古巴海軍！
快逃吧！
可惡，煮熟的鴨子
就這樣飛了……
老大！
好啦，
快駛向公海！
刷
全速前進！

喔？
怎麼突然跑了？
哈哈，你們看，
是古巴海軍！
哇哈哈哈！
我們得救啦！
哈哈哈
可能是布卡
剛剛去通報的。
喔，布卡……
哈哈！
知本、布卡！

荷西和阿美莉亞
都沒事吧？
哇哈！
博士！
威廉博士！
感動
感動
我一接到通知就趕來了！
真是讓我擔心死了。
哈哈哈……
我才剛和海上警察及海軍聯繫，
因為布卡都會定時跟我做無線電聯絡
的啊，怎會突然沒消息，所以我……
哈哈哈
嘰哩
呱啦
滔滔
博士，先把我們
救起來啊……
啪沙 啪沙
翻覆
啊
咕嚕嚕嚕
……
知本！

我也跟
古巴政府說了，
請他們事先準備
打撈的船隻。
打撈沉船與寶物的事，
就交給專家吧！
我以為您都在
跳舞咧，還設想得
挺周到的嘛！
你這小鬼，
說什麼！
砰
嚇！
快把布卡帶來！
腫～
博士，
我在這裡！
沙
喔？你的手臂
不是被割傷了嗎？
啊？割傷？

我看看！
唰
哎唷，
沒什麼啦！
什麼話，
要快點治療啊！
是……
我去拿急救箱！
喔……阿美莉亞
真像是天使！
愛
幸好有阿美莉亞在，
古巴醫生的技術
都很好的。
哈哈哈
噠噠噠
她可是村裡
首屈一指的名醫喔！
那個……
呼
呼
呼
你們都去看看吧，
好像有些狀況。
狀況？

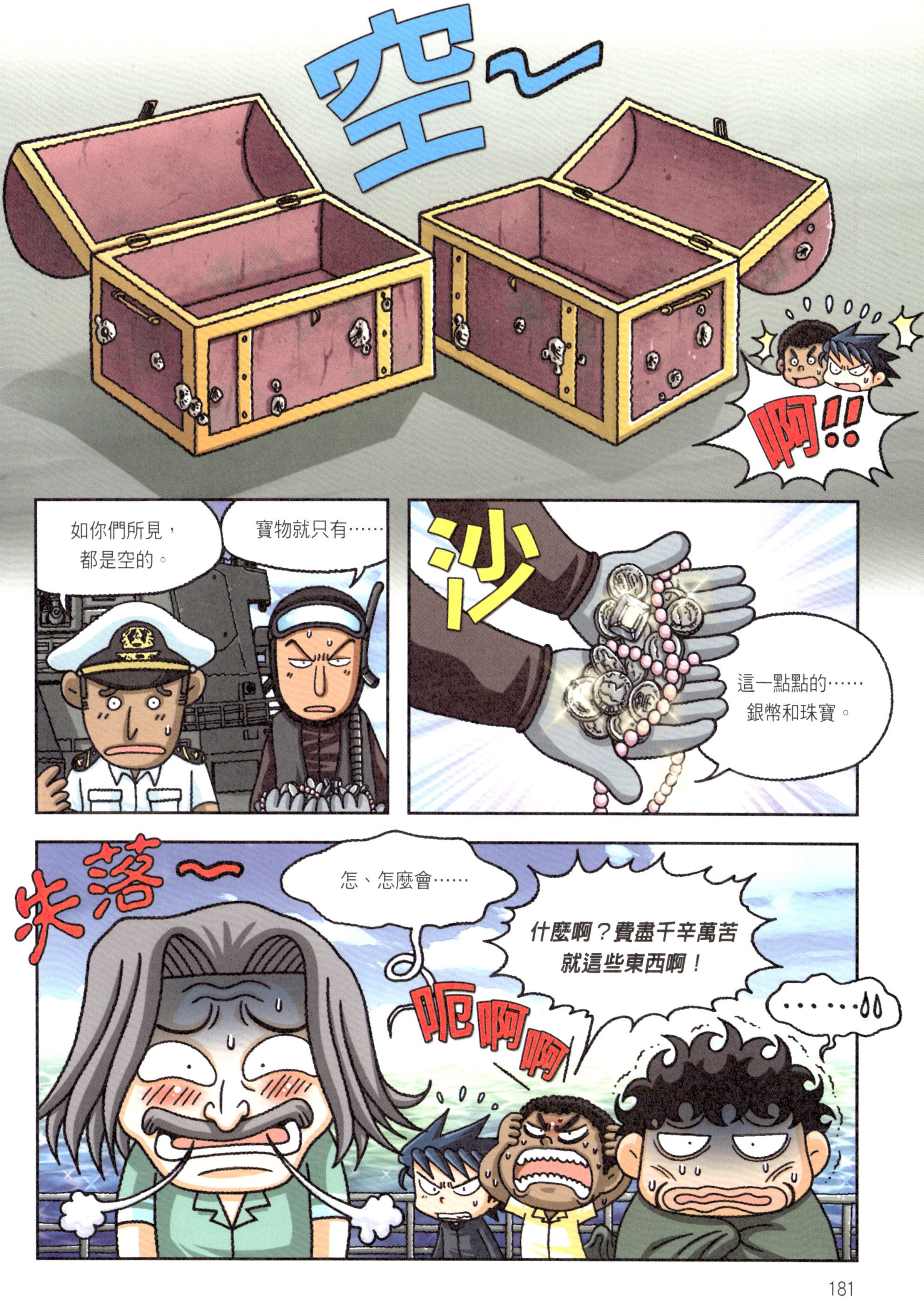
空～
啊!!
如你們所見，
都是空的。
寶物就只有……
沙
這一點點的……
銀幣和珠寶。
失落～
怎、怎麼會……
什麼啊？費盡千辛萬苦
就這些東西啊！
呃啊啊
……

啊，剛才峰巴巴把一個箱子搶走了！
難不成他把全部寶物裝在那一箱？
啊？寶物被峰巴巴搶走了？什麼時候？
不，峰巴巴的手腳再怎麼俐落，也不可能有偷天換日的時間。
哎唷～
嗯，那這空箱子是……
難道說在這之前就已經被人拿走了嗎？
啊……箱子裡還有這東西。
啊！這是台諾族的護身符！

這我知道，是驅魔擋煞的護身符嘛！我在墳墓中有看過！
台諾族的護身符？怎麼會在這裡？
博士，當時跟沉沒的西班牙船隻有接觸的，只有西班牙政府和海盜吧？
那也不見得，也有紀錄顯示原住民曾經進行打撈……
這麼說來……
你也這樣想……
沒錯！就是那文字！
啪
嚇我一跳！
我再來看一下地圖！
沙沙
地圖？不是我背包那一張喔？
是被峰巴巴搶去的正本喔！我在船上找到的。
鏘
不愧是尋寶王！

刷
指
就是這個，鼉蜥文字……這不像是隨便亂畫的！
這麼說來，也許會顯示台諾族所打撈寶物後的存放位置嗎？
點頭
沙
咻咻
台諾族文字中的鼉蜥，通常意指陽光普照或晴空萬里。
鼉蜥有十隻……
嗚
我還以為那就是指鼉蜥來來去去的樣子罷了！
Brethren of the
Let's drink Black
呼呼

呼
喔！好像有什麼東西……
閃亮
咦？
閃閃發亮
喔，有洞！
啊？洞！
抓
喔喔，原來如此！鬣蜥眼睛的位置有被穿洞！
閃亮
將這些洞連起來看看……
沙
這是……
一個海星形狀！
博士，海星或星星對台諾族有特殊意義嗎？
嗯，我也不太清楚……

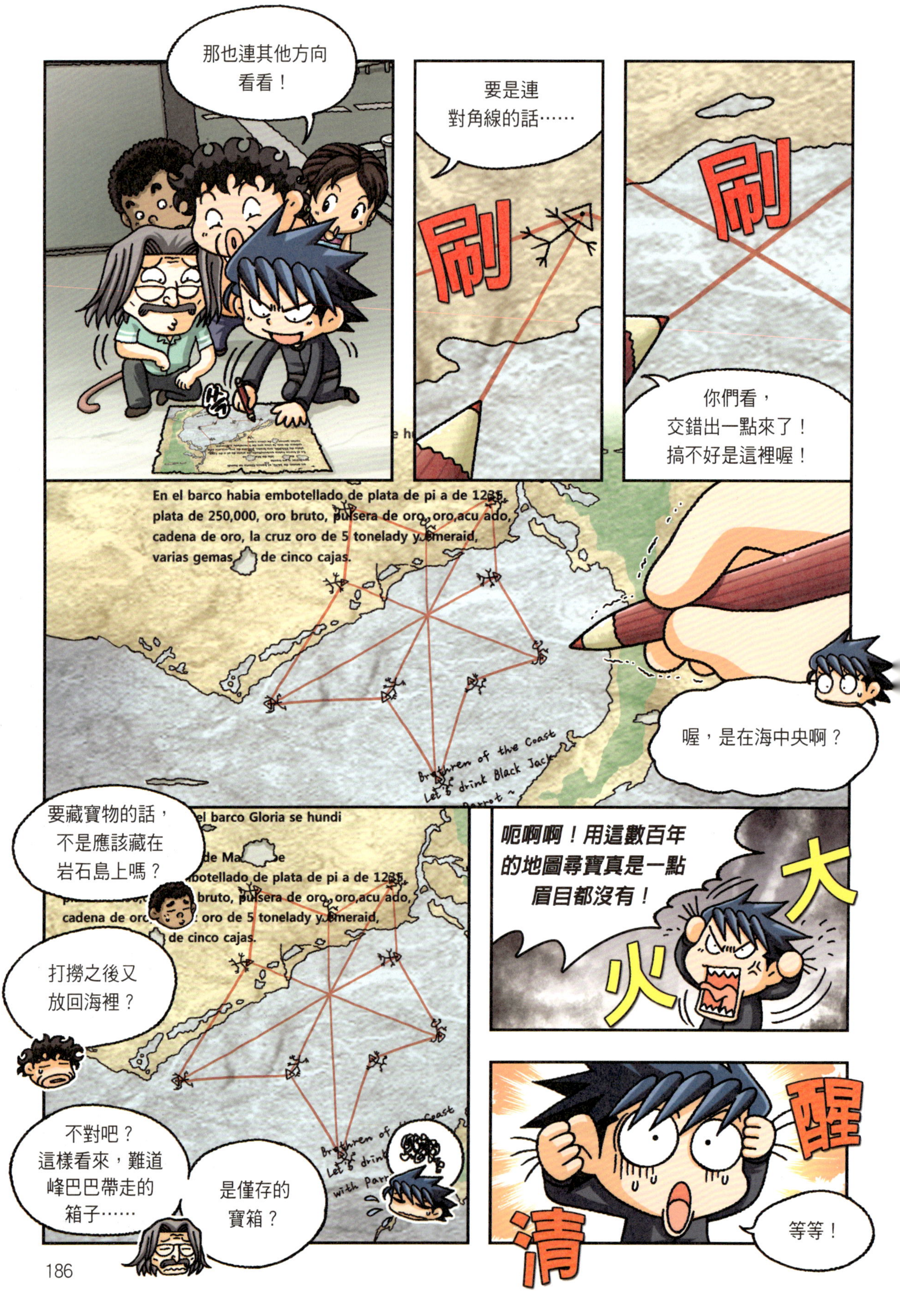
那也連其他方向看看！
嗦
要是連對角線的話……
刷
刷
你們看，交錯出一點來了！搞不好是這裡喔！
En el barco habia embotellado de plata de pi a de 1235, plata de 250,000, oro bruto, pulsera de oro, oro,acu ado, cadena de oro, la cruz oro de 5 tonelady y emeraid, varias gemas de cinco cajas.
Brethren of the Coast
Let's drink Black Jack
Parrot ~
喔，是在海中央啊？
要藏寶物的話，不是應該藏在岩石島上嗎？
打撈之後又放回海裡？
不對吧？這樣看來，難道峰巴巴帶走的箱子……
是僅存的寶箱？
呃啊啊！用這數百年的地圖尋寶真是一點眉目都沒有！
大火
清醒
等等！

那現在
要回去嘍？
是啊，
其他的就交給
古巴海軍了。
艾唷
沙
MAP
等等，
還不能放棄啊！
要再確認一次！
也許新繪製的
地圖會有更
詳細的顯示！
翻翻
翻翻
咻
咻
鏘
就是這個！
啊，
真的有這樣的島？
咻

古巴的世界遺產有哪些？

哈瓦那舊城和堡壘（Old Havana and its Fortification，西元1982年列入文化遺產）

古巴首都哈瓦那的舊城，於西元1519年由西班牙殖民政府下令建設後，便長期擔任西班牙本國與殖民地間的貿易港。包括聖克里斯多福大教堂在內，總督府宮殿、武器廣場、聖方濟廣場，以及許多博物館、美術館等十六～十八世紀巴洛克和新古典主義樣式的建築物，都被保存下來。而且不只舊城，抵禦海盜或其他國家侵略的聖薩爾瓦多·德拉蓬塔城堡、摩爾三王城堡和皇家軍隊城堡等，也都被教科文組織指定為世界文化遺產。

©인싸이버

聖克里斯多福大教堂和教堂廣場 哈瓦那舊城的廣場中保存最完善的一座，可見許多觀光客。

聖地牙哥的聖佩德羅德拉羅卡城堡（San Pedro de la Roca Castle, Santiago de Cuba，西元1997年列入文化遺產）

是軍事技術家安東內利於1638年所設計的海岸城堡，用於防衛聖地牙哥港口，以義大利文藝復興的建築原理為基礎，是西班牙式美洲建築中保存得最完好的其中一座。

城堡為了防止海盜侵略而建造於峭壁上，因此幾次受到攻擊毀壞後，仍多次重建，1755年後成為政治犯的收容所，是重要的歷史遺蹟。

©Wiki

聖地牙哥的羅卡城堡 為了保衛聖地牙哥港口而建的堡壘，保存了軍火庫、工事和大炮等軍事設施。

比尼亞萊斯谷（Vinales Valley，西元1999年列入文化遺產）

位於哈瓦那西邊約120公里處的比尼亞萊，是古巴最大的菸草栽培村落，以其獨特樣貌的山林而聞名。尤其比尼亞萊峽谷是石灰岩地帶侵蝕而形成的喀斯特地形，因此只要沿著海岸線，便可見階梯式的峽谷、峭壁、寬闊的平原和洞窟等神祕奇景。此地數百年間以傳統方式種植菸草和咖啡等作物，固有的建築、工藝和音樂等傳統文化，都被保留下來。

©Shutterstock

比尼亞萊斯谷　約一億年前形成的峽谷，隨處可見自然的奧祕。

格拉瑪臺地國家公園（Desembarco del Granma National Park，西元1999年列入自然遺產）

位於古巴東南部格拉瑪州的國家公園，有著受到水與風等自然力所切割的喀斯特地形，並以這樣的地質與地形學上的特質而聞名，階梯式的海岸和峭壁等景色十分優美。

面積廣達32000公頃，有著512種植物、13種哺乳類、110種鳥類、44種爬蟲類等物種，不僅是生物寶貴的天然棲息地，也保留了許多原住民台諾族的遺跡等，對考古學而言有著極為重要的價值。

©Effervescing Elephant

格拉瑪臺地國家公園　多種本土生物的棲息地，石灰岩丘陵和峭壁等至今仍持續發展中。

第十一章

海星金銀島

就是啊！島的周遭
就是尖尖的，像極了海星。
那就是它了！
它就是藏寶處！
我們會盡快回來，
博士您要保重！
咻咻
還真有你們的！
知本教授小心啊，
布卡和荷西也是！
喔~
喔，阿美莉亞…
別擔心啦，
阿姨！

好，那麼我們就
尋寶去吧，出發！
哈
哈哈
哈……
教授，
小心……
哇啊啊啊啊!!
噗嚕
噗嚕嚕嚕嚕嚕
哇啊啊啊……
哎唷
呵呵…
沙沙
嘿嘿嘿……
咕嚕咕嚕

先去那座島的中心部位看看，
那也是石灰岩丘陵地形。
喘 喘 喘 喘 喘
呼
呼
呼
布、布卡啊……
還沒到嗎？
呼
呼
快到了，越過這裡就到
地圖上出現的地方了。
就是這裡！
什麼？
什麼都沒有啊！

夠了！真是失望！
哎唷，累死了，早知道就應該多運動……
噗咚
東張
西望
啊，不可能啊，一定會有的！
！
鏘鏘鏘
你們看！
那是台諾族的文字吧？
鏘鏘
是啊，一個太陽……
還有人和月亮，什麼意思？

台、台諾族的神話中說，太陽、月亮和人都是……
由一個洞窟中誕生的。
呼
呼
洞窟？那就找那邊的洞窟看看！
洞窟？沒有看到這種東西啊！
呼
呼
呼
那麼……
布卡，我們休息一下吧！呼呼！又沒有人緊追在後，慢慢找啦！
謝、謝謝。
喝點水吧！
倒地
呃，總之……
咕嚕咕嚕
你們休息一下，我四處瞧瞧。
你一個人嗎？
別擔心
那我們就休息吧！
呼啊～

啊，對了！
怎麼會……
啊，幹麼？
幹麼突然大叫？
從昨晚就
沒吃東西……
咕嚕嚕
難怪…一點力氣
也沒有…
呼，我也
肚子餓了。
咕嚕嚕嚕嚕
癱軟
啊，那是什麼植物啊？
在這種地方還長得出來啊？
那是樹薯！
那是台諾族的主食，在貧瘠的土地上
也可以生長。可以挖地裡面的根莖……
就吃
那個吧！
站
咕嚕
緊抓
教授，
不能那樣吃啦！
至少，
要先煮過……

咿咿
啪啪啪
刷刷
崩崩崩
砰啪！
啊
啊
啊！
那、
那峭壁！
喀啦啦啦啦
哇啊啊啊
轟隆
是洞窟……

滴答
滴
東張 西望
越走進去就越寬耶！
這裡有光？
啊?!

哇啊啊啊啊
是寶藏！
金光閃閃
啊，這骨骸！一定是將寶藏藏起來的台諾族人骨骸！還維持這麼完好的狀態，對於博士研究台諾族有極大的幫助啊！
感動
太好了！
啪
啪
啪
轉
什麼？

辛苦你們了，小鬼。
早知道你們這麼行，
我就應該跟你們聯手才是。
咿
咿
咿…
嘿
哈哈，
我的寶藏！
沙刷
衝
胡說！
那寶藏是我們
古巴的！不是你
一個人的！
喀
喀
小鬼，
最好別輕舉妄動喔！
嘿
嘿嘿
呃
抖抖抖

嘿嘿嘿……
哇，鑽石耶！
不能讓寶物被搶走！
抖抖抖……
樹薯？
沉思
這是我的！那是我的！全是我的啦！
哈哈哈哈
哈哈
哈哈哈，我將成為歷史上最偉大的女海盜啦！
哈哈哈哈
閃閃
發亮
是啊！船長！沒有比你更強的！
塞滿塞滿
嘿嘿……
……
叔叔，那一份寶物你占多少啊？
什麼？

你要不要也像那個叔叔
一樣先把口袋塞滿啊？
什麼？
轉
趁現在！
抓
嗚哇哇！
抖抖抖
抖抖
啪啪
啪
倒地
……！
樹根
攻擊成功！
快啊，布卡！
先把繩子解開。
好！
抓
住
別動！
喀嚓
啊，
可惡的小鬼！
啪沙
喔？

轟隆隆
呃啊，又怎麼啦？
啪刷
啪刷
洞穴要垮啦！快逃到外面去！
喀啦啦啦
呃啊啊啊！
轟隆隆隆隆

搬搬
抬抬
海盜們似乎都逃走了。
哼，溜得挺快的……
抖抖抖
不過好在寶物找到了。
害羞害羞
唉，要跟阿美莉亞說再見了……
討厭
不行，我一定要向她告白！
知本教授
抓
我其實……很欣賞知本教授。
喔？真的嗎？
心跳心跳
欣賞您那種終生不婚、只為考古學奉獻的精神！真是太帥了！
閃閃發亮
我也要像您一樣堅守我的本分！
心跳心跳
什麼？
石
砰
不要啊！

《古巴尋寶記》完，敬請期待《南非尋寶記》！

所有歷史老師的夢想，
就是能讓孩子們讀到最生動的歷史。
這本書，做到了！

新書搶先預告

上國中前讀通世界史，
上國中後加深人文與思考能力！

好耶！歷史變得簡單又好讀！

一翻開便讓人欲罷不能的人類歷史。
除了世界史知識，還包括令人親臨現場的漫畫，
與方便記憶的照片和圖表，可說是一本魔法書！

上國中一定要有的 **漫畫．圖解歷史書**

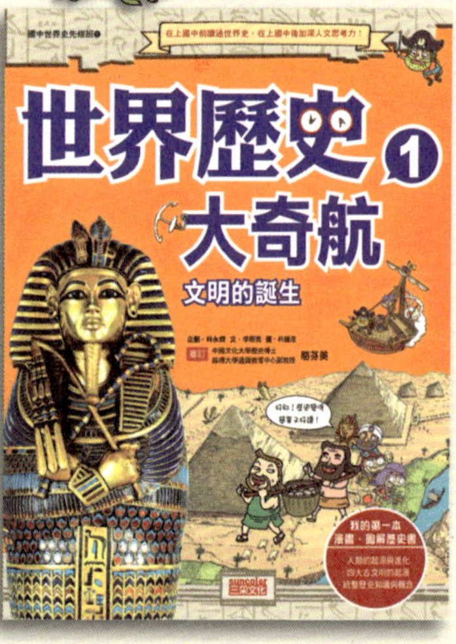

世界歷史大奇航❶ 文明的誕生
（預計2011年9月出版）

世界歷史大奇航❷ 帝國的興衰
（預計2011年12月出版）

國中世界史先修班系列

企劃・林永僖　文・李熙秀　圖・朴鐘浩
審訂・中文文化大學歷史博士
　　　銘傳大學通識教育中心副教授　駱芬美
定價・NT$299

適讀年齡：國小高年級以上

精彩內容試閱

有趣爆笑的漫畫，增進閱讀樂趣與動機

豐富詳盡的照片，拓寬人文素養的廣度

虛擬歷史人物對談，強化知識的建立

圖文整合的圖表，方便比較分析與記憶

整合時空的地圖，掌握地理文化的意涵

附屬專題的呈現，輕鬆掌握學習點線面

理財融入社會領域，必學必考新課程！

跟著理財智慧王一起挑戰，
我也能變成大富翁！

讓理財智慧深入紮根！
以系統性的介紹，做全方位的學習！

1
理財智慧王❶ 鈔票上的大學問
理財第一步，從懂錢開始

2
理財智慧王❷ 零用錢聰明用法
把零用錢發揮到最大效用

3
理財智慧王❸ 前進銀行
（預計2012年出版）
善加運用銀行服務

本系列以六大主題規劃，
由淺入深階段性講述國小孩子必備的理財知識。
用實際生活中的例子與趣味的漫畫，
讓小朋友對理財有全面性了解的同時，
更能在日常生活中實踐運用。

原來拿到零用錢時，
要這麼做啊！

4
理財智慧王❹ 我的儲蓄計畫
（預計2012年出版）
學習正確的儲蓄方法

5
理財智慧王❺ 聰明消費聰明理財
（預計2012年出版）
了解購物陷阱聰明消費

6
理財智慧王❻ 大富翁們的用錢習慣
（預計2012年出版）
學習有錢人的理財方法

學習理財真簡單，
我也要來做做看！

【經濟理財教室系列】
每本約190頁
全彩印刷
每冊定價 NT$280
國小中高年級適讀

●國家圖書館出版品預行編目資料

古巴尋寶記/Gomdori co. 文；姜境孝 圖；徐月珠譯.
--初版. --台北市：三采文化 2010.05
面； 公分. -- （世界歷史探險系列；23 ）
ISBN 978-986-229-270-9 （平裝）

1.古巴史 2.漫畫
755.831 99006901

suncolor 三采出版集團

世界歷史探險系列 23

古巴尋寶記

原作者 Gomdori co.
原繪者 姜境孝
譯者 徐月珠
責任編輯 杜雅婷
美術編輯 李莉麗
校對 渣渣
封面設計 張淑玲

發行人 張輝明
總編輯 曾雅青
發行所 三采文化出版事業有限公司
地址 台北市內湖區瑞光路513巷33號8樓
傳訊 TEL：8797-1234 FAX：8797-1688
網址 www.suncolor.com.tw
郵政劃撥 帳號：14319060
戶名：三采文化出版事業有限公司
本版發行 2011年12月30日
定價 NT$280